反中国心《サ》理《イ》作《オ》戦《フ》を脱却せよ!

冷戦復活への策謀にどう立ち向かうべきか?

マシュー・エーレット&
シンシア・チョン［著］
鄭 基成［訳］

日曜社

反中国心理作戦《サイオプ》を脱却せよ！

——冷戦復活の策謀にどう立ち向かうべきか？——

Breaking Free of Anti-China Psyops

Matthew Ehret
Synthia Chung
www.canadianpatriot.org

printed in the USA

First Printing
2022 Canadian Patriot Press
ISBN-979-8-36669-404-9

Original Cover Design: Jonathan Ludwig

目次

はじめに

今日の世界は、混乱と無知と恐怖に溺れそうになっている。人間の精神にとって有害なこのような状況から、何か良いものが生まれたためしはない。二一世紀のロシアと中国について、二〇世紀の冷戦時代に使い古された常套句を使った物語《ナラティブ》を、多くの善意と道徳心のある欧米の人々に受け入れられるように誘導しようとしているのは、無知という疫病だ。

本書では、この無知の疫病に対する救済策を示したいと思う。「神をも恐れぬ共産主義者の陰謀」という古い偏見と恐怖が一九五〇年代の大多数のアメリカ人愛国者にとってMI6（イギリス情報局）／CIA（米情報局）の作戦とユーラシア文化に対する底知れぬ無知を前提にしていたように、地球を征服しようとする「中国のブギーマン」という現代の恐怖も同様に、真実とは程遠いものだ。

第一章では、米国と中国の共和政体主義の歴史的背景を探る。その際、**中国の初代大総統孫文**（太字による強調は翻訳者による）と、第二次世界大戦末期にフランクリン・ルーズベルトとヘンリー・ウォレス副大統領によってなされた、孫文の**米中協力のビジョンを復活させる**試みについて概説する。

第二章では、欧米陣営にとって危険な戦後の**米露中同盟の出現**と**ニューディールの国際化**を断ち切る目的で、東西冷戦勃発の契機となった「グーゼンコ事件」というデマを演出した英加諜報作戦の実態を紹介する。

第三章では、ある中国の戦略家の目を通して、**COVID‐パンデミックの正体**を見ることにする。彼は、二〇〇〇年九月に「アメリカ新世紀プロジェクト」のイデオローグが描いたこの作戦が、**特定の民族をターゲットにした生物兵器**だと認識していた。このことについては、詳しく述べることにする。

第四章「キッシンジャーの中国奴隷労働計画はいかにして崩壊したか」では、一九七〇年代初頭に**三極委員会が打ち出した中国に対する壮大な戦略的アジェンダ**について評価検証する。キッシンジャー、ローマクラブ、その他のテクノクラート勢力がこの時期に実施した当初の計画では、アメリカの先進工業基盤は空洞化し、一方中国は、欧米の主人たちに従順でマルサス主義社会工学を心得た経営者層によって管理される、安価な労働力の植民地となる予定であった。一九九〇年代半ばになると、このアジェンダに亀裂が入り始め、習近平による中国の**深奥国家**《ディープ・ステート》勢力への弾圧と**一帯一路構想**の発表によって、ついに崩壊するに至った。

第五章「台湾＝太平洋のウクライナ」と、第六章「中国との戦争を推し進める真のグローバル・アジェンダ」では、ＣＩＡとＭＩ６が香港、台湾、新疆、チベット、そして中国周辺に展開する**カラー革命戦術**を形成する地政学的ダイナミクスについて述べる。これと同じ手法の多くが、二〇二〇年一一月の米大統領選挙を歪めるために使われたことに気づいても、驚かないでほしい。

第七章では、一五〇〇年にわたって宗教団体や作られたカルトが、**欧米の対中非対称戦争**のための隠れ蓑として利用されてきたことを詳述し、**中国が宗教団体を取り締まったという嘘**を暴く。そうすることによって、「太平天国」擬似キリスト教カルトの旗の下で、イギリスが画策した一八五〇年代の中国内戦の真実がより容易に理解されるだろう。さらに、欧米諸国を支配している反人間的な意図とは全く異なる意図で推進されている中国の監視体制や社会的信用《ソーシャル・クレジット》システムの有用性を評価するための新たな視点を示す。

第八章「イエズス会、タヴィストック、および中国の魂をめぐる戦い」では、中国の古くからの儒教の伝統を覆すために展開されたさまざまな文化戦争のための作戦を検証していく。

そして最後に第九章では、一九八九年の「**中国版マイダン事件**」について検証する。CIAによる「天安門広場」と呼ばれる作戦がもし成功していたなら、危うくソ連崩壊後のイエリツィンのようなジョージ・ソロスの傀儡が、新トロツキー派（ネオコン）の独裁者として就任するところだった。

マシュー・エレット
カナディアン・パトリオット・レビュー編集長

第一章
リンカーンに学んだ孫文の共和制革命

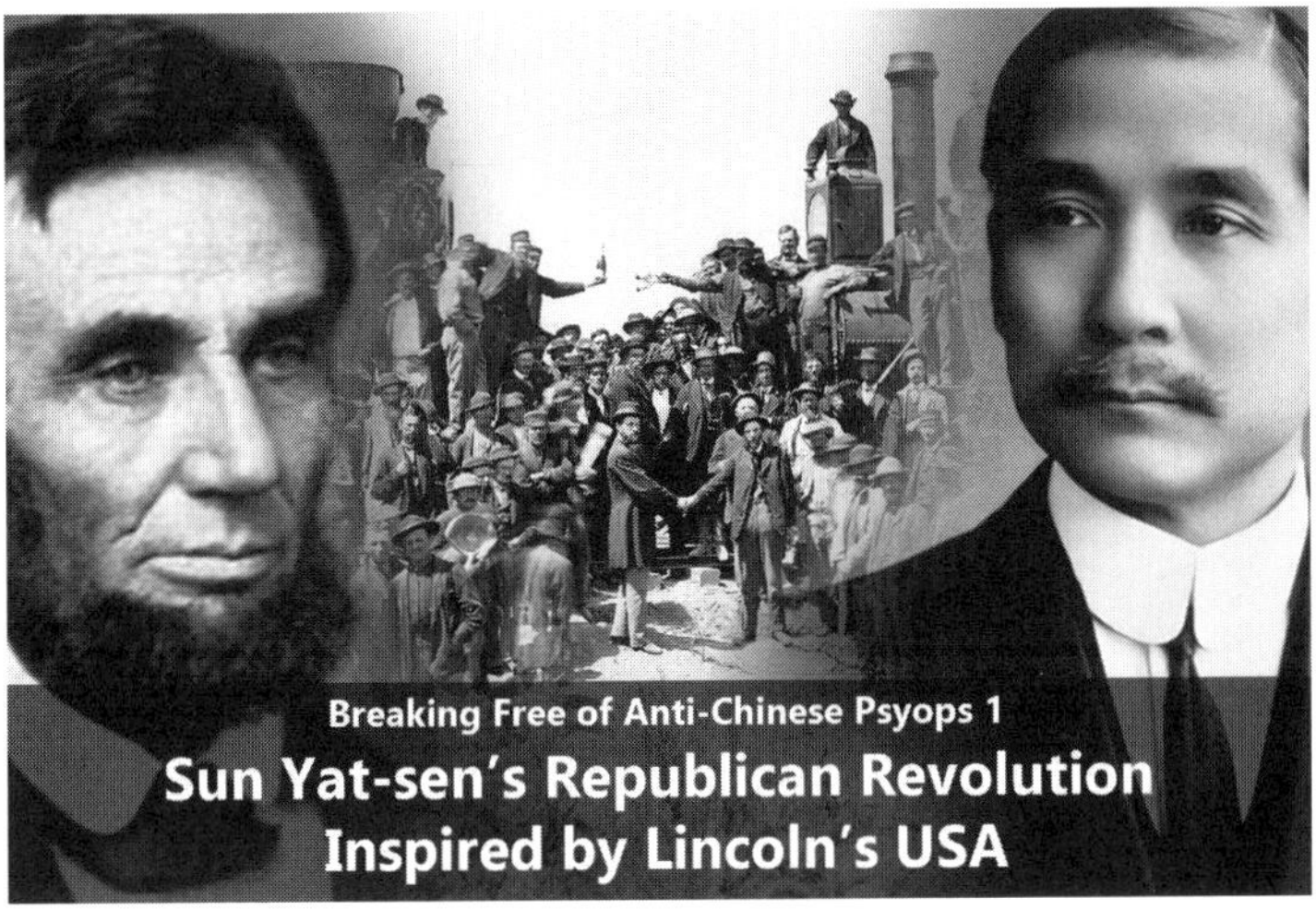
Breaking Free of Anti-Chinese Psyops 1
Sun Yat-sen's Republican Revolution
Inspired by Lincoln's USA

今日の中国は、多くの人々にとってパラドックスに満ちた存在だ。

中央集権的な国家でありながら、巨大な民間部門、起業家文化、市場経済が存在する。国家の指導者達はこれを「中国的特色を持った社会主義」と呼んでいるが、そこには「社会主義」あるいは「資本主義」という一般的な定義をはるかに超えた、より大きな歴史的な意味合いがあり、それはアメリカ南北戦争後の数十年間に世界史の枠組を形作った、**大英帝国の経済システムと米国の「ナショナリスト」経済システムの対立**の核心に直接私たちを引き寄せるものである。

ハワイでの学生時代から米国とつながりのあった政治家として、**孫文**は一九一一年の秋に米国とカナダを視察した。[1] 孫文は一八九三年以来戦っている革命運動のために講演と資金集めを行っていた。このときのツアーは、清朝を崩壊させた武昌の動乱のニュースが流れたために、それまでのツアーとは異なるものとなった。彼はウィリアム・ギルピンが初代知事を務めたコロラド州での講演を切り上げ、祖国へ向かった。そして、王朝体制を解体し、中国の歴史上初めてとなる共和制政府を樹立し、元医師である孫文が初代大総統に就任した。

左翼と右翼の対立を越えて

中華民国初代大総統であり、台湾と中国本土で今日まで英雄として愛されている孫文が、カール・マルクスの信奉者でもボルシェビキでもなかったことは、意外に思えるかもしれない。しかし彼は、**中央集権型経済に反感を持たない革命家**であり、帝国主義に対しては健全な軽蔑の念を抱いていた。

また、アダム・スミス、マルサス、リカールド、ジョン・スチュアート・ミルの自由主義理論の支持者でもなく、屈辱の前世紀に二度のアヘン戦争を正当化するために使われたばかりの**イギリスの自由貿易という嘘**に反対していた。

孫文は、自らの政治的志向性が、政治的な左右のどちらかではなく、**リンカーン流のアメリカの道徳哲学**とその根本においてしっかりとつながっていることに気がついた。

キリスト教と儒教を信奉した孫は、一九〇四年の小冊子「中国問題の真の解決」の中で、このことを明確に述べている。[2]

「中国の救済を成し遂げることは、もっぱら我々自身の義務であるが、この問題が最近世界的な関心を集めている中で、われわれの成功を確かなものにするためには、（中略）特にアメリカ合衆国人民に、道徳的にも物質的にも、共感と支援を与えてくれるよう、忍耐強く呼びかけなければならない。なぜなら、あなた方（アメリカ人民）は日本における西洋文明の開拓者だからであり、キリスト教国民だからであり、また我々の新政府はあなた方の政府を倣うことになるからであり、とりわけ、あなた方は自由と民主政治《デモクラシー》の擁護者だからである。あなた方の中に多くのラファイエット（一七五四～一八三四。フランスの貴族、軍人、政治家。アメリカ独立戦争およびフランス革命で重要な役割を果たした。）が存在すると信じる。」

孫文は、その著作の中でしばしばリンカーンの精神に触れているが、それには理由がある。

南北戦争末期の一八六三年一一月一九日、リンカーンはゲティスバーグの演説で、連邦を守るために亡くなった人々を追悼し、彼らの犠牲によって「人民の、人民による、人民のための政治は、この地上から消滅することはない」と強く説いた。この有名な言葉は、一九二四年に孫文が発表した「人民の三原則[3]」にインスピレーションを与えた。

孫文は、中国が守るべき三原則を次のように述べた。

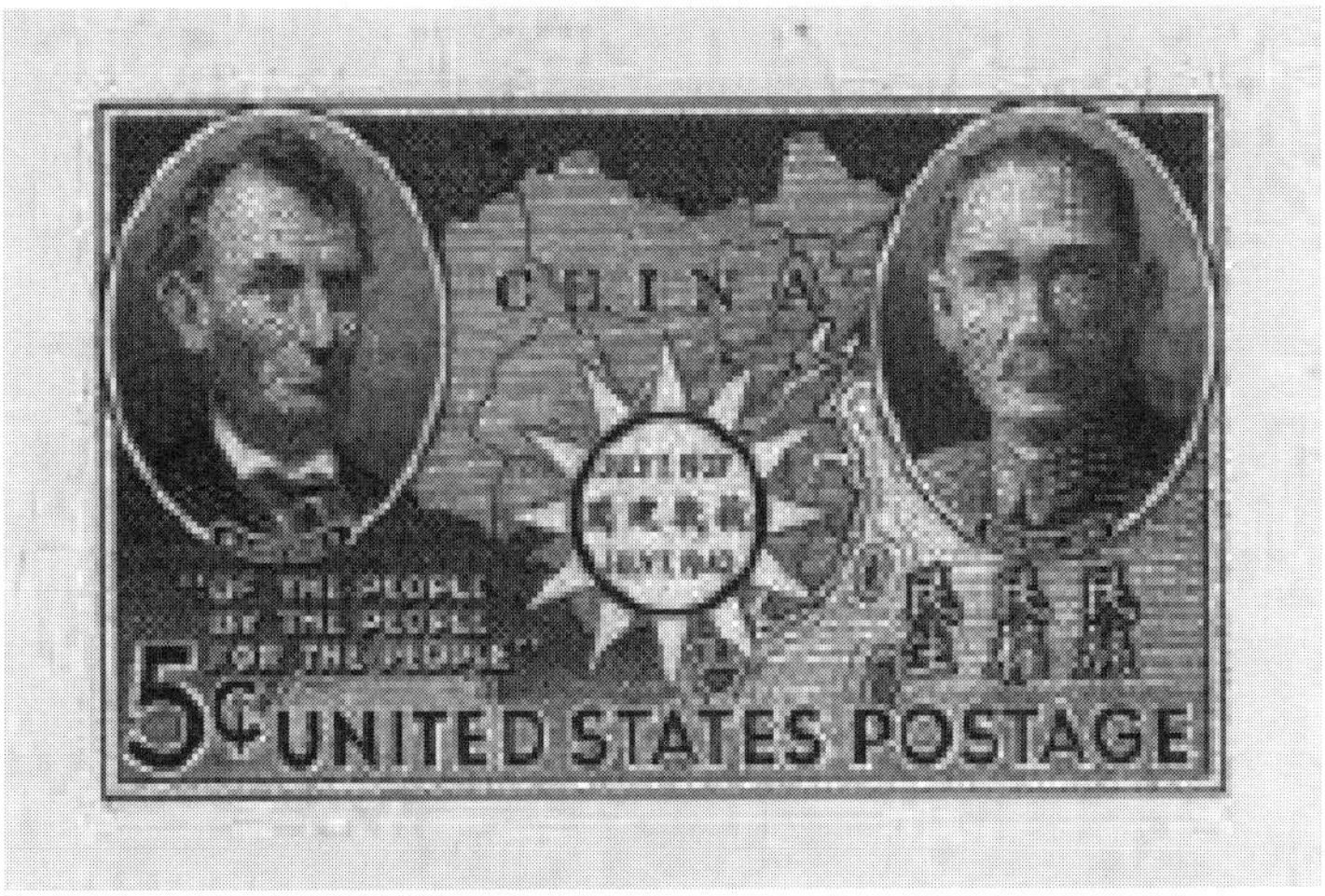

リンカーンと孫文の肖像入りの切手。中・米両国の絆を記念して一九四二年に発行された。

民衆（「人民の国民感情」）
民権（「人民の権利」）
民生（「人民の生活」）

リンカーンはかつて、自らの政治信条を問われたとき、こう答えた。[4]「私の政治は、老女の踊りのように、短く甘美なものです。私は、国内改善のための諸制度と高い保護関税に賛成です。これが私の心情であり、政治的原則です。」

若き日の孫文は、一八七九年から一八八三年にかけてのアメリカ滞在中に、リンカーンのこの思想の中に、中国がその二重の危機、すなわち内からの時代遅れの王朝の伝統と外からの帝国による敵対的干渉行為とを克服するために必要な、政治・経済の実践的な方途を見いだしたのである。彼は国の将来に絶望し、アメリカにインスピレーションを求めた。

孫文は、保護関税の導入によって自国の製造業を育成し、鉄道、道路、水道などの整備とエネルギー・システムの構築によって、内政を大幅に改善することを提唱した。そして、自国の産業や農業を発展させるために、保護関税を長年支持してきたことを改めて強調し、次のように述べている。

「他の国々は、どのようにして外国の経済的圧力に対抗し、外国からの経済力の侵入を防いでいるのだろうか。通常は、国内の経済発展を保護する関税によってである。外国の軍隊の侵入を防ぐために港の入り口に砦を築くように、外国製品に対する関税は、国の収入を保護し、自国の産業を発展させる機会を与えるのだ。」

第一次世界大戦後の中国は、貧困が蔓延し、国民としての意識が著しく欠如しており、明るい未来は望めない状況であった。一九一一年の革命の希望が失われつつあるのを見て、孫文は絶望してこう書いている。

「もし中国が滅びれば、その罪はわれわれ自身の頭上に降りかかり、われわれは世界の大罪人となるだろう。天はわれわれ中国人に大きな責任を負わせた。もし自分自身を愛さないなら、我々は天に対する反逆者である。」

孫文は、ナショナリズム（民族主義、民族意識）についての最初の講義で、民族の若返りの道筋を明確に説いた。

「人民の三原則とは、「人民の、人民による、人民のための」政治、すなわち、全人民に帰属する国家、全人民が支配する政府、全人民が享受する権利と利益ということである。もしそうであるなら、人民はすべてのものを共有することになる。国民が国家のすべてを共有するようになれば、民生主義の目標、すなわち孔子が望んだ「偉大な共和国《グレート・コモンウェルス》」に真に到達することになるのだ。」

今日、中国共産党が、自分たちの継承する革命的遺産として称賛する孫文が、当時、彼の周りの若い知識人に急速に浸透していたマルクスの理論を真っ向から攻撃したことは、いくら強調してもし過ぎることはないだろう。孫は『人民の三原則』の中でこう書いている。

「社会は、利害の衝突（つまり「階級闘争」）ではなく、主要な経済的利害の調整によって発展する。社会の大部分の経済的利害を調和させることができれば、大多数の人々が利益を得て、社会は進歩する。」

孫文は、古代ギリシャから現代までの政治形態を研究し、社会の生産手段、流通、社会規範を変革する革命的飛躍は、決して静的なものでもゼロサムでもなく、常に「**古い制度を打破し新しい制度を生み出すこと**」が中心であると述べている。「**新しいシステムの絶え間ない出現こそが、絶え間ない進歩を可能にするのである。**」人類は常に新しい発見と発明によって、より低いシステムからより高いシステムへと飛躍し、常に人類の生活条件を向上させる。彼はこのことを認識することによって、マルクスの思想の致命的な欠陥を認識し、そこに最も強い攻撃の矛先を向けたのであった。孫文は、「階級闘争は社会進歩の原因ではなく、社会進歩の過程で発生する病気である」とし、「マルクスは社会病理学者としか言いようがなく、社会生理学者とは言えない」と結論づけた。

孫文はさらに、再びリンカーンの時代のアメリカを例にとり、マルクスは「社会の病気の一つを発見しただけであって、社会進歩の法則や歴史を動かす中心的な力を発見したのではない。アメリカの学者が言ったように、生存のための闘いは社会進歩の法則であり、歴史の中心的な力である。」と述べている。

孫文は、著書の最後の四つの講義で、**科学技術の進歩による生活の向上**という考えを取り上げている。長江の水力発電を中心とした大規模公共事業、保護関税の適用による工業の発展、鉄道や道路などの交通および農業への先端技術の適用により、常に生活の質、生計の向上を図る必要があると強調している。後者については、「**国家の大権を行使して、アメリカのやり方を見習わなければならない**」と述べている。

また、人間の労働力を先端技術で代替することを主張し、「中国が人間の労働力で四億人を養えるなら、機械の力で八億人を養えるはずだ」と述べている。このように、ジョン・スチュアート・ミルが唱えた「収穫逓減の法則」を、生産性の低い状態から高い状態へと飛躍することで克服し、マルクスの階級闘争を引き起こした緊張関係を相殺し、代わりに経済機会の増大、利害の調和、万人のための正義といった精神を育むことができるのである。孫文は、アヘン戦争によって中国を疲弊させた大英帝国が推進した資本主義体制を一喝し、次のように述べた。

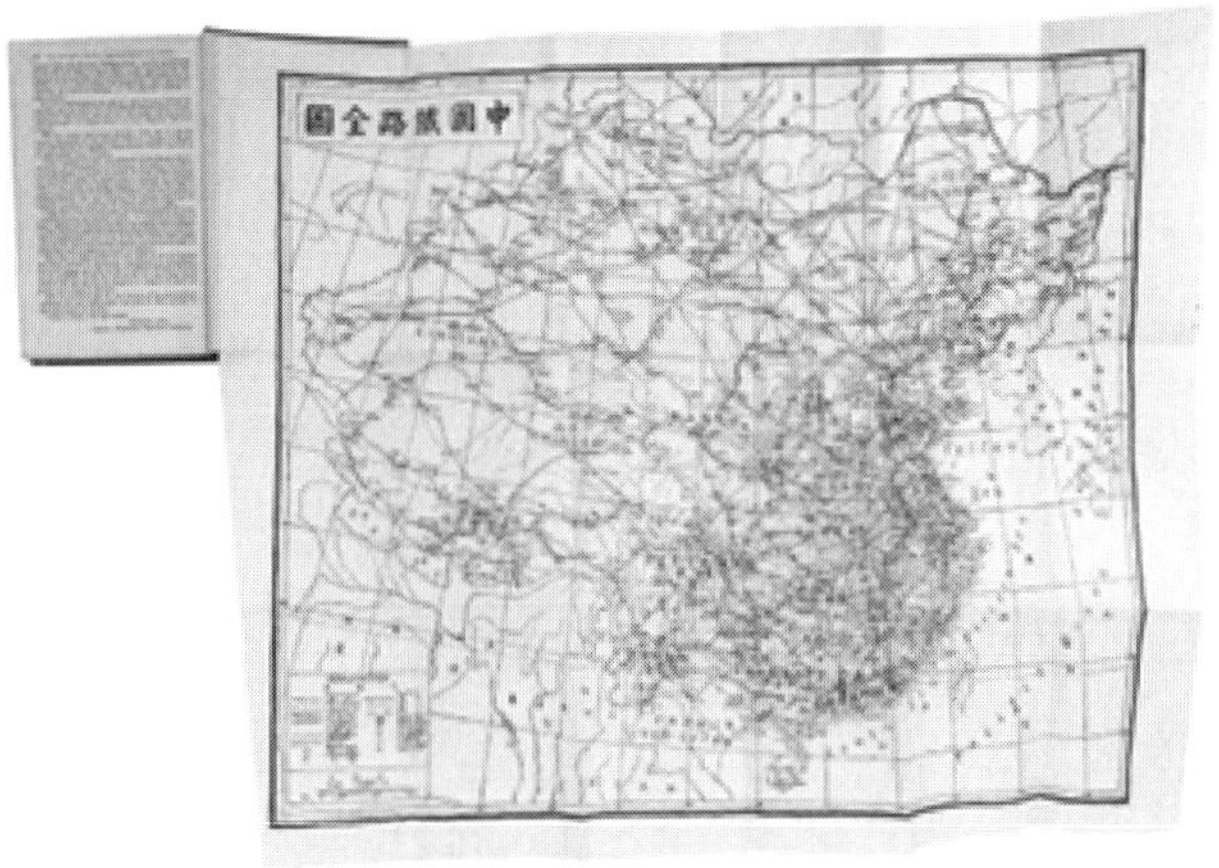

新シルクロードを現代によみがえらせるグランドデザインを描いた『中国国際発展論』に掲載された詳細地図

「資本主義が利潤を唯一の目的とするのに対し、生活の原理は人民の育成を目的とする。このような崇高な原理によって、われわれは古い悪の資本主義体制を破壊することができるのである。」

孫文は、儒教の民生主義——人民の生活の絶え間ない向上を中心とする思想——を堅持すれば、大きな国家権力と人民の自由との間に均衡を見出すことができると考えた。「このような政府の行政力と民衆の政治力があれば、民衆の福祉を求める万能の政府の理想を実現し、新しい世界の建設への道を切り開くことができる。」

邪悪なシステムの継承を理解する

孫文は、「古くて邪悪な資本主義システム」を攻撃したが、多くの反動的共産主義者が反射的にやるように、自由な企業や資本主義そのものを攻撃したのではなく、象牙の塔の自由貿易理論という仮面の背後にある、常に、犠牲者を征服するために分裂させようとする意図を持った帝国の原理を攻撃しているのである。

孫文は、一九一七年の『中国の重大問題』で、中国（と世界）を操る帝国の正体を深く洞察し、こう述べている。

「イギリスは狐のように狡猾で、天気のように変わりやすく、自ら恥じることがない（中略）。イギリスは自分に役立つ相手とのみ友好を求め、友人があまりにも弱くて役に立たなくなったら、自分の利益のために犠牲にする。友人に対する優しい配慮というものは、農民が蚕を飼育するときの繊細な注意深さのようなもので、繭からすべての絹を取り出した後は、火で焼くか魚の餌として利用する。現在のイギリスにとっての友人たちは、蚕に過ぎないのだ。」

孫文は、この「グレート・ゲーム」（中央アジアの覇権を巡る大英帝国とロシア帝国の敵対関係・戦略的抗争を指す、中央アジアをめぐる情報戦をチェスになぞらえてつけられた名称）をよく理解していた。孫文は『重大問題』において一貫して、イギリスの寡頭政治が一九世紀と二〇世紀初頭の主要な戦争のすべてを「力の均衡《バランス・オブ・パワー》」を追求するために直接操作した方法と理由を明確に示しだけでなく、すでに一九一七年に、今日でもまかり通っているこれらの帝国のノウハウを明らかにした。

「イギリスの重要な政策は、弱い国の力を借りて強い敵を攻撃し、弱った敵に加担して第三の国の成長を牽制することである。イギリスの外交政策は二世紀にわたって基本的に変わっていない。」

イギリスは、ある国が上り坂にあるときは、その国を、下り坂にある弱い国との同盟関係を利用して弱体化させる政策をとり、いったん同盟関係にある弱い国が上り坂の立場になると、逆にその国が破壊の対象となる。孫文はこのように指摘し、「帝国には永遠の友人というものはなく、むしろ永遠の利益しかない」というパーマストン卿の有名な主張に同意する。この点について、孫文は次のように述べている。

「イギリスが他国と仲良くする場合、その目的は真の友好のための友好関係を維持することではなく、その国を第三国と戦うための道具として利用することである。敵が力をそぎ落とされたとき、その敵は友人に変わり、強くなった友人は敵に変わる。イギリスは常に支配的な立場にあり、他国に戦争をさせ、自分は勝利の果実を得るのだ。」

未来への展望

孫文は一九一九年の論文で、ユーラシア大陸の鉄道網とアメリカ・アジア同盟を予測し、こう述べている。

「世界は工業国、商業国としてのアメリカの発展によって大きな恩恵を受けてきた。だから、四億人の人口を持つ発展した中国は、経済的な意味でもう一つの新世界となるだろう。この開発に参加する国々は、莫大な利益を得ることになる。さらに、この種の国際協力は、人間の同胞愛を強化するのに役立つに違いない。」

最後に孫文は、中国と世界の将来について、楽観的な書きぶりではあるが、次のような警告も残している。これは一九二四年当時よりも今日の状況に対して、より適切な警告となっている。

「中国が大国として台頭することを望むのであれば、我々は国家の地位を回復するだけでなく、世界に対して大きな責任を負わねばならない。もし中国がその責任を負えないなら、それは、中国がいかに強くても、世界にとって有益なことではなく、大きな不利益になる。中国が強くなったとき、他国を潰し、列強の帝国主義を真似し、彼らと同じ道を歩もうとするならば、我々は彼らのあとを追うだけである。(中略)『弱きを助け、倒れた者を立ち上がらせる』ことでのみ、わが国の神聖な義務を果たすことができるのだ。弱い民族、小さな民族を助け、世界の大国と対抗しなければならない。全国民がこの目的のために決起すれば、わが国は繁栄する。そうでなければ希望はない。」

強い政府と民衆の意思のバランスが完璧に達成されることはなかったが、孫文はこれがアメリカ人の闘いであり、一九一二年に帝制を脱して共和国となった中国にとって目指すべき挑戦であることを理解していた。

残念ながら、孫文は一九二四年に早世したため、国民党内の彼の盟友の中で、その穴を埋められる適任者がいないという指導者の空白が生まれた。アレグサンダー・ハミルトン（アメリカ合衆国建国の父の1人。ジョージ・ワシントンの副官）のエリート主義の連邦党（Federalist Party）のように、彼が創設した国民党の指導者の腐敗と戦略における無能ぶりは、天命を遂げるための力を維持することができなくなる結果となった。

第二次世界大戦が終わる頃になって、孫文の構想したウィン・ウィン関係の世界は、戦前から戦中にかけてシティ・オブ・ロンドンが支配する大英帝国軍と精力的に戦ってきた**フランクリン・D・ルーズベルト**（FDR）の姿によって蘇ることになる。

旧植民地の独立と真の経済的自立のために、ニューディール・プロジェクトを世界的に展開しようという情熱を共有した最も重要な人物の一人が、一九四一年から一九四五年までFDRの副大統領を務めた**ヘンリー・A・ウォレス**であった。

米中同盟のサボタージュ

ウォレスは、東洋を含む戦後世界の新しいビジョンを熱烈に支持していた。彼は、一九四四年の著書『太平洋におけるわれわれの仕事』にこう書いている。

「今日、東洋の人民は前に進んでいる。その始まりは、一九一一年、孫文の教えを受けた中国人の革命運動が満州王朝を倒し、共和国を建国したときと言えるだろう。この時、アジアの広大で文化的に豊かな歴史の中で、アジアの人々が初めて君主政と世襲に背を向け、まだ残っていた困難と障害にもかかわらず、民主政体――人民の、人民による、人民のための政府――の樹立に向けて勇気を持って出発したのである。」

ウォレスは、ルーズベルト(FDR)の「**ニューディール政策**」の一環として、アメリカの水、エネルギー、農業、交通など数千のプロジェクトの開始に主導的な役割を果たし、貧困を撲滅し、心を豊かにする大規模な国家開発プロジェクトが、永続する国際秩序の基盤になると信じていた。ウォレスは、ニューディール政策の成功を戦後国際化するために、一九四二年の大西洋憲章(世界平和と協力の原則を憲法に明記)とブレトンウッズ体制をルーズベルトや他のニューディール民主党員と緊密に連携して構想した。

ヘンリー・ウォレスとフランクリン・ルーズヴェルト

ウォール街のマネタリストの多くが、貧しい植民地国家に巨額の支出をすることは浪費を重ねることだと不満を表したが、ウォレスは、その投資が大規模な農工業に向けられ、返済期間が十分に長期であればリスクはない、と説明した。そして、こう書いている。

「バランスのとれた意見を持つためには、二〇年後にどのような世界になるかを見通す必要がある。なぜなら、その時の状況が、借入国の借入金返済能力と、この国が商品やサービスで支払いを受ける能力に影響を与えるからだ。」

戦後のアジアの成長を促すには、どのような政治経済体制が最適なのだろうか。ウォレスは、孫文を引き合いに出しながら、共産主義や資本主義だけではだめで、まだ創られていない高次の総合的なものによって実現されると考えた。彼はこう続ける。

「アメリカやイギリスの資本主義、ロシアの社会主義、そして中国のような国で発展が期待される国営企業と民間企業がミックスしたものを連動させる仕組みとして、間違いなく複数のものが考案されるであろう。そのような仕組みのひとつが、**政府と民間の資金を適切に保証する国際政府銀行**かもしれない。」

この戦後構想が機能するための安定基盤として、**ウォレスは、ロシア、中国、アメリカの三カ国が協力する中核的な同盟を考えていた。**この点についてウォレスはこう書いている。

「中国とロシア、中国とアメリカ、ロシアとアメリカの間に平和で友好的な関係があることは、アメリカにとっても、中国にとっても、ロシアにとっても不可欠なことである。中国とロシアはアジア大陸で互いに補完し合い、補足し合い、両者は共に太平洋におけるアメリカの立場を補完し、補足するものである。」

ウォレスは、戦後の世界がゼロサムゲーム的な考え方に陥ることを否定し、各国の繁栄は隣国の繁栄と密接に関係していると主張した。

「自分たちだけの繁栄はありえない。他国が買ってくれなければ売ることもできない。我々の高い生活水準が他国の低い生活水準によって損なわれるようでは、これを維持することはできない」。そして、この理想的な戦後秩序を実現するための指針を示し、共に働くことによって共同利益を育むことが、「アメリカ国民が歓迎し支持するような太平洋政策」であると締めくくっている。そして、そのような政策について、「世界共同体の共通の仕事をするために他者と協力することを厭うべきではない。一方、他国の内政に関わることをも、逆に他国から自国の内政に口を挟まれることも避けるべきである」と付け加えている。

ウォレスは、ＩＭＦ（国際通貨基金）とＷＢ（世界銀行）がこの新しい時代を育てる道具として機能することを望んでいたことは明らかだが、一九四五年四月にＦＤＲが早世したため、その計画は進められなかった。それどころか、ウォレスやＦＤＲのビジョンに忠実な他のニューディール民主党議員は、冷戦の新しい常識に抵抗したために、共産主義者シンパのレッテルを貼られたのである。

ＩＭＦの創設者のデクスター・ホワイトは、非米活動委員会の前に引き出されて、ウォール街の弁護士ジョン・Ｊ・マクロイにその地位を奪われ、一九四八年の合衆国大統領選に第三党候補として立候補したウォレスの選挙活動中に心臓発作で死亡している。ウォレス自身は、トルーマンの大統領就任に伴い降格され、一九四六年には米露和平を推進しようとしたため、即座に商務長官を解任された。

一九四四年に、ウォレスは、今後数十年の緊張を予測し、国際的なニューディール政策が退けられるであろうと、次のように書いている。

「戦後のファシズムは、必然的にアングロサクソンの帝国主義を推し進め、最終的にはロシアとの戦争に突き進むだろう。すでに**アメリカのファシスト**たちは、この紛争について口にしたり書いたりしており、特定の人種、信条、階級に対する彼らの内なる憎悪や不寛容の口実として使っている。」

ＦＤＲとウォレスは、帝国の災いが一掃されるにつれて、国際化されたニューディールによる協力体制が人類社会を形づくることを意図していた。残念なことに、ＦＤＲの**死後、アメリカが選んだ道は、トルーマン・ドクトリン、**封じ込め、そして「**自由と資本**

主義の欧米」と「全体主義の悪の東」の間の代理戦争の道だった。一九四四年にウォレスが描いた協力のビジョンを何らかの形で復活させることができるのか、それとも競争とゼロサムゲーム的な考え方が再び優勢になるのか、その答えは時間が教えてくれるであろう。

注

［1］*Sun Yat-sen's 1911-Tour of America*, Chinese Historical Society of America, Exhibit

［2］*The True Solution to the Chinese Question*" bySun Yat-sen,New York, 1904, 11. 2.（孫文、『孫文革命文集』（岩波文庫）所収「中国問題の真の解決」）

［3］*San Min Chu, The Three Principles of the People*, by Dr. Sun Yat-sen, 1924

［4］*The Tariff Review*, July 20, 1894, p. 20

第二章
反中プロパガンダは、冷戦を引き起こした「グーゼンコ・デマ」の再来だ

ここ数年の間に、ファイブ・アイズ（オーストラリア、カナダ、ニュージーランド、イギリス、アメリカで構成される諜報同盟）の影響圏に生きる愛国者に対して、新しい心理作戦《サイオプ》（psychological operation）が組織的に展開されてきた。それは、**政府を転覆させるあらゆる陰謀の背後に潜む、自由世界、そして欧米の価値観の敵はロシアと中国だ、と信じ込ませるための心理作戦**だ。

二〇二〇年二月以来、中国とロシアの破壊工作に関する中傷的で、しばしば激しく偏向した物語《ナラティブ》が、騙されやすい欧米の市民に繰り返し流されている。「自分たちの生活を破壊するための長期にわたる陰謀が存在する。そしてそれは、ロシア・中国の仕業によるものだ」、という物語だ。左派の人間は、この敵がクレムリンだと確信させるためのプロパガンダに踊らされてきた。一方、保守的なメディア消費者は、敵は中国であるという物語に踊らされてきたのだ。もちろん、ソロスが二〇二一年に習近平の打倒を公然と呼びかけ始め、リベラル左派が中国制裁の戦争屋に変身してこのかた、現時点では「左」「右」両方のメディア消費者の間に蔓延する**反中ヒステリー**にはほとんど差がなくなってきている。

現実には、ロシアと中国は、多極化秩序全体の基盤となる確固とした生存の絆を結んでいる。今日の帝国の支配者たちは、この同盟を破壊し、欧米諸国がこれに加わらないようにしたいと考えている。

何百万人もの中国共産党員の秘密の工作員が欧米諸国の政府に潜入しているとか、スパイの罠が政治家を狙っているとか、ロシアが欧米の民主的体制を破壊し、近隣諸国を侵略するための偽旗を準備しているとかといったことが、毎日のように報道される。オルタナティブ・メディアでさえ、欧米全域で活動する「中国の国際警察」といった、CIA／NEDが資金提供したプロパガンダを伝えている。セーフガード・ディフェンダーズのような組織が作成した情報は、その主張を何ら証明せず、純粋な推測と「匿名」のメッセージに頼り、全米民主主義基金（NED）と欧州連合（EU）から公然と資金提供を受けていることには素知らぬふりだ。

すべてのケースにおいて、主流メディアによって流された物語《ストーリー》は、一、ファイブ・アイズによるプロパガンダの心理操作のテクニックを使い、そのほとんどが検証されない告発であり、二、イギリス課報機関が、カラー革命の名の下でトランプを排除するための策動や、過去一〇〇年以上にわたって世界で起こったさまざまな事件、政権交代、潜入、暗殺と陰謀――これらは全て実際に検証可能だ――を繰り返し行っていることから、人々の目をそらそうとするものだ。[1]

過去一世紀の間に、イギリスの諜報機関によって仕組まれたこれらの陰謀の中で最も破壊的だったのは、冷戦を人為的に作り出し、FDRとヘンリー・ウォレスが構想した米

中露同盟によって実現されるウィンウィンの多極化世界に対する希望を破壊したことである［第一章参照］。

このような歴史の歪曲がいかにして作られたかを検証するとき、**現在進行中の反中・反露作戦《オペレーション》との類似性**をしっかりと心に留めておくことが重要である。

冷戦の戦線が張られた

冷戦のきっかけは、一九四六年三月五日ではなく、一九四五年九月五日であることは歴史家の広く認めるところである。それは、二六歳の暗号担当職員が、クレムリンによってイギリス、カナダ、アメリカ政府内に送り込まれたスパイのものと思われるコードネームのリストを持って、オタワのソ連大使館を出た瞬間であった。この若い亡命者は、上司であるザボーチン大佐の電報メモと、ソ連の陰謀の存在を初めて世界に証明したとされるその他一〇八点の戦略上の機密文書も持ち出したのである。

この若い職員の名前は**イゴール・グーゼンコ**。彼が亡命したことから生じたスキャンダルは、カナダ史上最大の市民の自由の侵害という事件を生み出しただけでなく、伝聞と憶測を元に起こされた偽装裁判を引き起こしたのであった。実際、一九八五年にようやく六本のマイクロフィルムの証拠書類が機密解除された時、その名にふさわしい文書は一枚もなかった（これについては後述する）。

グーゼンコ事件の結果、第二次世界大戦の反ファシストの戦火の中で培われた米・加・露の同盟関係は、すべて崩壊することになった。

ヘンリー・ウォレス（元ＦＤＲの副大統領）は、反共産主義のヒステリーの中で軍の戦闘能力の崩壊を目の当たりにして、こう声高に警鐘を鳴らした。

「われわれの兵士の血が戦場で乾かぬうちに、平和の敵が第三次世界大戦の土台を築こうとしている。この者たちに、その邪悪な企てを成功させてはならない。我々は、ルーズベルトの政策に従って、平和の時も戦争の時もロシアとの友好を深めることで、この者たちの毒を除去しなければならない。」

ウォレスが勇敢にもスポットライトを当てた、ファシズムを上から指揮する者たちに対するこの戦いは、悲しいかな成功を見ることはなかった。一九四五年から一九四八年のウォレスの進歩党（Progressive Party）からのアメリカ大統領選挙での敗北までの間、アメリカとカナダで起こった最も強い反冷戦の声は、直ちに「**ロシアのエージェント**」というレッテルを貼られ、CIA―FBIが仕立てた**赤い恐怖**(Red Scare)、すなわち後のマッカーシーイズムの恐怖の下で、彼らの評判、キャリア、自由が破壊されるのを目の当たりにした。カナダでは、ウォレスの進歩党の思想を共有する人たちは、当時国会議員だったフレッド・ローズ、LPPリーダーのティム・バック、LPPナショナル・オーガナイザーのサム・カーが率いる労働進歩党(LPP)という形をとった。三人とも、カナダでFDRのビジョンを守るための反冷戦の戦いを率い、イゴール・グーゼンコの物語の主要な登場人物となった。

グーゼンコのデマ物語の幕が切って落とされる

グーゼンコの主張を聞いたキング首相(カナダ)は、それが戦後の世界再建の希望を脅かすものであることを知り、そのため検証不可能な主張を公にすることを何カ月もためらい、さらには亡命者を庇護することさえもためらった。

やがてグーゼンコのデマが戦略的にアメリカのメディアにリークされると、反共主義者のヒステリーは高まり、キング首相は一九四六年二月五日、枢密院命令四一一号に基づき、グーゼンコ・スパイ事件に関する王立委員会を設立せざるを得なくなった。それ以前の枢密院令六四四四号は、戦争対策法を終戦後も延長し、スパイ容疑で告発されたすべての人間に対する外部との連絡を絶つ形の拘束、精神的拷問、人身保護権の剥奪を許可するもので、すでに可決されていた。

一九四六年二月一五日までに、最初の一五人が逮捕され、オタワのロッククリフ軍事兵舎で家族や弁護士との面会もなく、何週間も隔離拘束された。逮捕された者は全員、数週間の精神的拷問と睡眠不足に苦しみ、王立委員会の審問官以外とのコミュニケーションもとれないまま、自殺の恐れのある者として監視下に置かれた。この裁判を担当した二人の裁判官は、カナダ勲章を授与された。そして、この事件の後、最高裁判所の判事となった。

市民の自由（カナダにはまだ権利章典（政府が基本的人権を保障するもの）がなかった）という概念を完全に無視し、主任弁護士のＥ・Ｋ・ウィリアムズは、「通常の証拠提示の規則を無視することが望ましいと考えるなら、それに縛られる必要はない。また、王立委員会の尋問を受ける人のために弁護士を出廷させる必要もない」と、王立委員会の設立を露骨に主張した。

この裁判の間、被告人は誰も自分に不利な証拠を見ることができず、ＲＣＭＰ（王立カナダ騎馬警察）の警察官を含む関係者は、この裁判について公言すると五年の禁固刑に処せられると脅されていた。その中で、唯一メディアに対して自由に発言し、書くことができたのが、イゴール・グーゼンコその人だった。インタビューを受ける毎に千ドル以上の報酬を受け、出版する本についても有利な契約を約束され、さらに政府による生涯年金も保障された彼は、テレビに出る時も、法廷に出る時も、いつも頭に紙袋をかぶって覆面をしていた。この暗号担当職員は、裁判の被告人たちに実際に会ったことはなかったが、彼らに対する彼の証言は金科玉条のごとく扱われた。

一九四六年六月二七日までに、王立委員会は七三三ページの最終報告書を発表した。[2] この報告書は、グーゼンコ自身の著書とともに、欧米の価値を損ない、原子爆弾関連の機密を盗もうとするロシアの巨大な陰謀の証拠として、ジャーナリスト、政治家、歴史家たちがその後数十年にわたって引用、再引用する唯一の疑いようのない絶対的典拠となった。仮に研究者が実際に起こったことを解明しようと思ったとしても、長い期間にわたって、他に頼るべきものがなかったのである。

委員会が解散した後、まるで偶然のごとくにすべての裁判記録は破棄されるか「紛失」してしまい、実際の証拠を見るには、四〇年後にようやく機密指定が解かれるのを待つしかなかった。

裁判の結果は？

逮捕者二六人のうち一〇人が有罪になり、三年から七年の禁固刑に処せられた。この有罪判決自体が、グーゼンコの証拠が有効であったことの「証拠」として引用されることが多いが、詳しく調べてみると、これは単なるマジシャンの騙しのトリックに過ぎないことが分かる。

まず注目しなければならないのは、有罪となった一〇人のうちで、スパイ行為について起訴されたり有罪判決を受けた者は一人もいないということである。実際は、五人の被告は一九三〇年代に偽造パスポートの取得を手伝ったことで有罪となった。そのパスポートはフランコのファシストクーデターと戦うスペイン内戦のマッケンジー＝パピノー大隊に参加したカナダの志願兵に使用されたという。他の五人は第二次大戦中のカナダ政府機密法違反で、完全にグーゼンコの証言のみに基づいて有罪とされたのだ。他の一六人は、なんの罪にも問われることなく釈放された。スパイ組織のリーダーで最も刑期が長かったのは、労働進歩党のフレッド・ローズとサム・カーで、彼らはＦＤＲの国際ニューディールと、世界帝国を目指すファシズムの金融スポンサーの暴露を、声高に主張していた。

一九八五年にグーゼンコ事件の証拠がようやく機密指定解除された時、カナダのジャーナリスト、ウィリアム・ルーベンは、七月二〇日付の『ネイション』紙に掲載された「存在しなかった記録文書」と題する記事で、数千に及ぶ項目の中に合理的な「証拠」と呼べるものが何一つないことを指摘し、興味深い分析をした。

機密解除されたマイクロフィルム六リールを数週間かけて調査した結果、ルーベンは「アーウィン・コリー教授の二枚舌の独白（アメリカのスタンダップコメディアンによるナンセンストークスタイル）を思わせるようなごった煮」としか言いようのないものを発見している。

一九四三年の電話帳、ＲＣＭＰの略歴、旅費の伝票、パスポートの申請書など、膨大な資料を挙げながら、ルーベンは問いかけている。

「この支離滅裂なものをどうしたものだろう。これらの証拠品がいつＲＣＭＰによって入手されたのか、スパイ活動や不正行為とどう関係しているのか、また、ほとんどの場合、どの公聴会で証拠として提出されたのかも分からないので、その意義、信憑性、他の証拠との関係などを判断することは不可能だ。」

要するに、実際の証拠と言えるものは一つも見つからなかったのである。

さらに、一九四五年にグーゼンコが大使館から持ち出した、スパイのコードネームのリストとクレムリンからの指示を概説したロシア語の手書きの電報八通を検討しても、その筆跡を、自分への告発を一貫して否定していたズバトフ大佐と照合する科学的証拠は何もなかったのだ。

さらにルーベンは、グーゼンコが持ち出したとされ、スパイ容疑の根拠となった一〇八枚の機密文書はどこにあるのか、と問いかけている。これらの文書は、機密指定を解除されたマイクロフィルムには含まれていなかったので、彼はこう指摘した。「八通の電報と同様、原本が存在したこと、ソ連大使館から来たものであることを証明する物的証拠はない。」

また、「なぜ一〇八通の文書について言及されたのが一九四六年三月二日（グーゼンコの亡命から半年後）なのか」という正当な疑問も投げかけている。

この証拠不十分と時間差は、亡命が公表される前にグーゼンコが、ウィリアム・ステファン卿の管理下にあった、オタワのスパイ施設「キャンプX」に五ヵ月半滞在していたことと関係があるのだろうか？　グーゼンコの怪しい書類が使った一〇八枚の文書は、手紙や公文書の偽造を専門とするキャンプX研究所のものと何か関係があるのだろうか？

もし読者のあなたが、この話と、最近の出来事で、MＩ6のクリストファー・スティール、リチャード・ディアラブ、ローズ奨学生のストローブ・タルボットがロシアゲートを作るために使った怪文書の「「出どころ」だとわかった、ブルッキングス研究所のイゴール・ダンチェンコ事件との類似点を見出しているなら、ショックを受けないように。それは、あなたが自分の脳が正常に働いているということなのだ。[3]

キャンプXとは何だったのか？

キャンプXとは、一九四一年一二月六日にカナダのオタワ郊外に作られた秘密作戦訓練センターの名称である。

ウィンストン・チャーチルと親交のあったスパイマスター、サー・ウィリアム・スティーブンソン率いるイギリス安全保障協力会（British Security Coorporation＝BSC）が作ったもので、BSCは、一九四〇年にニューヨークで、イギリス情報局秘密情報部＝MI6がアメリカの諜報機関と連絡を取るために設立された秘密工作機関であった。アメリカは当時戦争に関してはまだ中立を守っていたため、キャンプXは特殊作戦執行部やFBI第五課、OSS（米軍戦略情報局）の諜報員を対象に、心理戦、暗殺、スパイ活動、防諜、偽造などの諜報活動の訓練を行うために使われれたのである。

一九四五年一〇月のＯＳＳ解体を生き延び、一九四七年の新生ＣＩＡを率いることになった指導者層は、すべてキャンプＸで訓練を受けていた。

歴史家のデイヴィッド・スタフォードは、著書『キャンプＸ：ＯＳＳ、イントレピッド、連合国の秘密工作員の北米訓練所』の中で、一九四五年九月五日の夜、グーゼンコがメディアや政府機関に連絡しようとしたが、冷たくあしらわれ、ウィリアム・ライアン・マッケンジー・キング首相でさえ、彼とは関わりたくないと日記に書いていた、と指摘している。「もし自殺したなら、市の警察に任せて、どんな書類でも確保してもらうが、我々が率先してやることはない」と日記に書いている。

キング首相がグーゼンコを保護するように説得されたのは、緊急会議の後、スティーブンソンとノーマン・ロバートソン（渉外部長、優秀なローズ奨学生）が直接介入したからであった。この時、キング首相はキャンプＸの目的すら知らなかった。

キングは、戦後のロシアとの協調というＦＤＲのビジョンを守りたかったが、スタフォードはこう指摘する。「スティーブンソンは、キングの考えに激しく反対した。ロンドンのＳＩＳ（Secret Intelligence Service＝イギリス情報局秘密情報部）本部と同様、ＢＳＣも戦争中の大半は共産主義者の破壊活動を監視するカウンタースパイ部門を運営していた。（中略）彼はグーゼンコ事件以前から、BSCが戦後の西半球における情報組織の核になりうると確信していたのである。暗号職員の脱走は、彼にとって絶好の機会となった」[4]。

カナダのジャーナリスト、イアン・アダムスは、次のような記事を書いた。「グーゼンコの亡命は、原子爆弾の開発に携わる科学者から多大な抵抗を受けていた絶好のタイミングに行われた。彼らは、原子力爆弾の開発が、今日のような邪悪な軍拡競争にならないように、誰もが協力し合うオープンなものになることを望んでいた。だから、もしグーゼンコが欧米情報機関の膝の上に落ちてこなかったら、欧米情報機関は彼のような人物を発明しなければならなかっただろう」。

欧米諸国の政府へ現実に浸透したことについての最後のコメント

ヘンリー・ウォレスやFDRがよく理解していたように、世界平和に対する真の破壊的脅威はソ連でも中国でもなく、クリミア戦争でロシアを、南北戦争でアメリカを、二度のアヘン戦争で中国をバラバラにするよう画策した、世界に勢力を拡大した大英帝国を代表する金融・情報・軍事の超国家アーキテクチャーである。これは、六人のローズ奨学生が運営するフェビアン協会CCF（Congress for Cultural Freedom＝文化自由会議）の形をとった、カナダ労働進歩党のかつての敵であり、現在もそうである。このローズ奨学生／ラウンドテーブル機関は、カナダのナショナリストO・D・スケルトンやアーネスト・ラポイントの抵抗に会い、一九四一年に彼らが死ぬと、カナダ外務省を完全に乗っ取ったのである。[5]

このローズ奨学生とフェビアン協会の巣窟は、フランクリン・ルーズベルトの死、ウォレスの失脚、チャーチル、スティーブンソンやアメリカにいる彼らの手下によって作られた新しい英米の特別な関係の台頭によって、アメリカの外交政策への支配力をますます強めていった。これこそは、冷戦時代、ファイブ・アイズの労働組合に潜入して弱体化させ、ポール・ロベソン、ジョン・F・ケネディ、マルコムX、キング牧師など、抵抗する多くの愛国者をこの世から消した獣である。

これは、イラク戦争を勃発させた怪文書や、リビアやシリアでの戦争を正当化するために使われた偽情報の背後に、そのやり口が繰り返し現れている勢力だ。二〇一六年以来、アメリカの政権交代をコントロールし、ロシアが自分の操り人形をホワイトハウスに押し込んだのだと非難する怪文書を作成し、二〇二〇年の大統領選挙で大量の不正投票を画策

した者たちを動員した勢力である。〔6〕

これは、アメリカ、ロシア、中国、その他の国々をバラバラにすることを目指してきた作戦と同じものなのである。なぜなら、これらの国々は、この超国家的寄生虫からの政治的・経済的独立を宣言するために、いつでも国家主権を行使して、テクノクラートによる封建的暗黒時代を許さず、むしろ互いにとってウィン・ウィンの関係を築く世界を確立するために協力することを選択する恐れがあるからだ。

注

［1］Lord Malloch Brown Revealed: The British Hand Behind the Coup Shows Its Scales Again, Matthew Ehret, Strategic Culture Foundation, November 17, 2020

［2］一九四六年の報告書の全文は、以下からダウンロードできる。https://historyofrights.ca/wp-content/uploads/documents/commission_report.pdf

［3］The Brookings Hand Behind Russiagate Points Back to Rhodes Trust Coup on America, Matthew Ehret, Strategic Culture Foundation, August 10, 2020

［4］スティーブンソンはすぐにニューヨークのBSC本部からSISのトップ二人、ピーター・ドワイヤー（BSCの対スパイ責任者）とジャン＝ポール・エヴァンスを派遣し、その後八ヶ月間、グーゼンコ事件をコントロールさせた。エバンスは興味深い人物で、一九四九年に彼がFBIとCIAとの連絡役を辞した後に彼のSISの後任に就いたのは、ソ連の三重スパイ（だったと後に判明する）キム・フィルビーであった。エヴァンス自身は、ラウンドテーブルの主要な監督であり、まもなく総督となるヴィンセント・マッシーとともに、カナダの芸術振興のための新しいシステムの構築に取り組んだ。マッシー＝ルヴェスク王立カナダ芸術委員会から生まれたカナダ評議会のもと、モダニズム／抽象芸術、音楽、演劇に数百万ドルを注ぎ込んだ。一九五七年に設立されたこの組織は、第二次世界大戦後の共産主義に対する文化戦争の一環として、芸術のスポンサーをほぼ独占していたCIAとロックフェラー財団から統制する事業を引き継いだ。スタフォードは、「オタワに芸術への愛を印象づけたこの人物は、英領カナダの秘密諜報活動の歴史においても重要な役割を担っていた」と記して

いる。

［5］一九三二年にアメリカでルーズベルトが権力を握ると、エスコット・リード、フランク・アンダーヒル、ユージン・フォーシー、F・R・スコット、デヴィッド・ルイスを中心とするカナダのローズ・トラスト・ネットワークは、自称「フェビアンモデルのシンクタンク」をLSR（Leag for Social Reconstruction＝社会再建同盟）としてカナダ向けに装いを変えて設立した。リード、フォージー、スコット、ルイスの四人はローズ奨学生で、アンダーヒルはオックスフォード大学で学んだフェビアンであり、ベイリオル・カレッジでハロルド・ラスキとG・B・ショーの指導を受けた。このグループの目的は、彼らが公言するところによれば、フェビアンの教えに基づく「社会を科学的に管理《マネジメント》・運営する」システムを確立することであり、それは、LSRから発展した新しいCCF（Cooperative Commonwealth Federation＝協同組合連邦連合）のトップに、同じくオックスフォードで教育を受けたフェビアン、J・S・ウッズワースを選出したことに表れている。CCFは、一九三三年の『レジーナ宣言』で資本主義の完全な破壊を呼びかけている。自らを優生学者と公言していたウッズワースは、不適格者を排除するために一九二七年に（カナダ）アルバータ州で制定された、不妊手術法を強力に支持した。フェビアンの師であるH・G・ウェルズやG・B・ショーの教義に従い、ウッズワースは個人財産の廃止を提唱した。CCFの核心は、典型的な「社会主義」ではなく、「科学的」な社会主義の顔をしたファシズムに過ぎなかったのである。このことについては、"The Origins of the Deep State in North America Part I: The Round Table Movement"（『北米におけるディープ・ステイトの起源　第一部　円卓会議ムーブメント』, Canadian Patriot

Review, 2019）で詳しく述べられている。

［6］https://www.bitchute.com/video/RzKATD6prbI/

第三章
COVIDパンデミックは誰の仕業？
中国か、米国か、それとも別の何か？

Breaking Free of Anti-Chinese Psyops 3
China, the USA or Something Else?
Who's to Blame for the COVID Pandemic?

コロナウイルスが大流行した当初から、このウイルスはＷＨＯや『ネイチャー』誌、『ランセット』誌の編集者が主張するような自然発生的な進化上の現象ではなく、別の起源を持つという証拠が出始めていた。

この説をいち早く支持したのは、中国外務省の趙立堅《ザオ・リジャン》（Zhao Li Juan）報道官で、イラン人、イタリア人、アジアの様々な遺伝子型のみを狙ったウイルスの「遺伝子標的化」の可能性を指摘したラリー・ロマノフ氏の二つの論文[1]を紹介し、国際的に波紋を呼んだ。

この特殊なテーマに関するラリー・ロマノフの研究は極めて価値のあるもので、中でも最も新しいものは、ペンタゴンが運営する世界規模の生物兵器複合体（Bioweapons Complex）の根底にある、漢民族に限定的に壊滅的な害を与える遺伝子標的作戦に関する、決定的な研究である。[2]

趙の指摘に対して、フランシス・ボイル、著名なウイルス学者ルック・モンタニエ、ジュディ・ミコヴィッツといった生物兵器の専門家が賛同する意見を述べ、さらに、ウイルスの遺伝子配列が明らかに人間の仕業であることを示唆するものだと主張する世界中の学者、科学者、研究者たちが続々と名を連ねることとなった。COVIDがどこかの研究所から発生したらしいという点では皆意見が一致していたが、その研究所が中国なのか、それとも米国のコントロールのもとにあるのかについては不明のままであった。

この研究所説に関して、もう一つの大きな疑問は、それが偶発的に流出したものなのか、それとも意図的に流出されたのか、ということである。

初期の二〇〇〇年の「ダーク・ウィンター《暗黒の冬》」から、二〇一一年のロックフェラー財団の「ロックステップ」、そして世界経済フォーラムの「イベント二〇一」（その間に何十ものイベントがあった）までに、パンデミック戦争ゲーム作戦（Pandemic War Game Operation）は欧米の地政学プログラムの一部として常態化していたので、意図的に流出された可能性は高い。誰がこのようなグローバル規模の作戦の動機と手段を持っているだろうか？

武漢説の始動

二〇二〇年二月になると、アンソニー・ファウチ博士が米国にある複数の生物兵器研究所から武漢のウイルス研究所（中国に二つあるこの種の研究を行うためのBSL-4研究所の

ペンタゴンが運営する世界三二〇以上の国際的な「バイオラボ」の一部

うちの一つ）にコロナウイルスの機能獲得実験を移管していたことの証拠によって、武漢研究所流出説が大々的に報じられるようになった。

二〇二〇年六月、リチャード・ディアラブ卿（元ＭＩ６長官）が武漢研究所からの流出説を声高に主張するようになったとき、何か不自然な感じがあった[3]。ディアラブは、明らかに生物兵器について何も知らない人間ではないはずだ。彼は、ペンタゴンが世界各地に施設した膨大な数の生物兵器研究所のことをよく知っていた。ただでさえ陰謀に長けたイギリス諜報機関の最高幹部なのだから。ディアラヴはなんと言っても、イラク戦争を引き起こした例の「イエローケーキ（yellow cake）」（ウラン鉱石精製の過程で濾過液から得られるウラン含有量の高い粉末）と題した怪しい報告書の作成を担当していた。彼は、リビアとシリアの政府が神経ガスを使用したという趣旨のＭＩ６による報告書の存在を知っていたし、アメリカでカラー革命に拍車をかけたロシアゲート[4]の中心的役割を担ってさえいたのだ。ディアラヴはまた、スクリパリ（英南部で毒殺未遂にあったロシアの元スパイ）事件で使われたノビチョクを製造したポートンダウンの研究所についても知っている。

ディアラヴが武漢の研究所説を支持したことで警鐘が鳴らされた。その間、別の研究所からの流出説を「法廷に持ち込む」だけの決定的証拠が浮上することもない中、ファウチのアメリカ国立衛生研究所（ＮＩＨ）から武漢研究所への領収書が都合よく見出しになり、多くの人が「決定的証拠」と考えるようになったディアラヴの作戦が優位に立ったのである。

この話の次の段階に入る前に、経験的証拠がないことが、それだけで一方の当事者の無実の証明にはならないのと同様に、経験的証拠があることが、他方の当事者の有罪の証明にはならないのだ、ということを思い出すことが重要である。

武漢研究所起源説が再び話題に

ここ数週間、武漢の研究所からの流出説が再び大流行している。

ランド・ポール上院議員（共和党）が二〇二一年五月一〇日の公聴会でファウチと対決し[5]、ファウチの武漢ウイルス研究所への資金提供をめぐり、火に油を注いだのである。スカイ・ニューズ（Sky News）は五月七日、COVIDを使った生物兵器に関する中国の公的な政策文書[6]について報道した。三月二六日には、元アメリカ疾病予防管理センター（CDC）長官のロバート・レッドフィールドが武漢研究所流出説への支持を表明した[7]。ファウチのNIHからエコ・ヘルス・アライアンスを通じて中国の研究機関にコロナウイルス研究のために送金された資金（武漢に六〇万ドル）の領収書をスキャンしたものは、昨年（二〇二一年）の二月から入手可能であったが、なぜ一年以上たった今になって、この事実が多くの人々の間に拡散したのか不思議に思わざるを得ない。

欧米諸国の主流メディアも代替メディアも、左派も右派も、中国が、事故であれ故意であれ、ウイルスを流出したと非難する流れに乗っている（武漢の研究所の流出説が認められれば、誰もが故意という結論に至るのは明らかだが）。しかし、改めて問いたい。誤導、心理戦、認識の管理の世界において、我々が与えられている手がかりで、中国政府が世界的パンデミックの背後にいると結論付けざるを得ないのか、それとも別の犯人が見つかりそうなのか？

中国の指導者たちはＣＩＡを非難する

中国ＣＤＣの主任疫学者である曾光《ゼン・グアン》（Zeng Guang）は最近、二〇二一年二月九日に中国メディアとのインタビューで、「陰謀論クラブ」に参加した。欧米の多くの人間が主張しているように、中国の武漢研究所がウイルスの発生源であることを否定しながらも、SARS-COV-2が研究所から発生したことは否定すべきではないと彼は主張した。地球上に散在する膨大な数の米国の生物兵器研究所について指摘し（米国が第二次世界大戦以降、これらの研究所を非対称戦争の兵器庫の一部として、生物兵器を配備してきた実績があることを引き合いに出し）、曾光はこう問いかけた。

「米国は世界中に生物学研究所を持っている。なぜ、これほど多くの研究所を持つのか。目的は何なのか？　米国は多くのことで、他国に対してオープンで透明であることを要求するが、最も不透明なのは米国自身であることが多い。米国は、今回の新型コロナウイルスの問題で、米国自身がどこまで関わったかどうかは別として、オープンで透明性のある行動をとる勇気を持つべきだ。米国は覇権主義的思考にとらわれ、ウイルスの背後に隠れて他国のせいにするのではなく、自らの潔白を世界に証明する責任を持つべきだ。」

中国外交部の華春瑩《ファ・チュンイン》報道官も、ペンタゴンの生物兵器研究所が世界中に広がっていることを指摘し[8]、こう述べている。

「もし米国が本当に事実を尊重するならば、フォート・デトリックの生物学研究所を公開し、二〇〇以上ある海外の生物学研究所などの問題をもっと透明化し、WHOの専門家を招いて米国内で発生源の追跡を行い、国際社会からの懸念に実際の行動で応えるべきであることを強調したい。」

ペンタゴンがコントロールする生物兵器戦争の歴史と射程に目を向けない人々は、多くの理由から、上記の中国当局者の発言内容を無視しがちである。ファウチとゲイツが腐敗していると考えるのは簡単である。**しかしもっと問題なのは、ほとんどの西洋人が、この二人と中国政府の連携を疑うように仕向けられているという事実だ。我々西洋人は、中国**

政府は、世界的な負債の罠や、大量虐殺や、西洋の価値の破壊を目論む共産帝国主義の恐るべき砦だ、と洗脳されているのだ。

現代史の基本的な事実と、中国ＣＤＣのトップが言及した現在の世界秩序の地政学的な現実を簡単に検証したが、筆者は中国の武漢研究所からの流出説が仕組まれたものと考えている。以下はその根拠となる五つのファクトである。

ファクト　一　人口削減――過去と現在

このテーマは、多くの人々にとって直視したくないものだ。しかし、第二次対戦中、ロックフェラー財団、メイシー財団、シティ・オブ・ロンドン、ウォール街の利権者が、大恐慌の経済的苦境に対する奇跡の解決策として、ファシズムの台頭と科学における新たな支配宗教としての優生学《ユージェニクス》（eugenics＝人口抑制の科学）の両方を支持・支援していたのと同様に、人口削減は現在も国際的一極主義政策を推進する大きな要因である。[9]

今日、このアジェンダは、「第四次産業革命（Fourth Industrial Revolution）」、「脱炭素経済（decarbonized economies）」、「グレート・リセット（Great Resets）」といった言葉で装われた新しいトランスヒューマニズム（Transhumanism＝人間と人工知能の融合）運動の背後に姿を隠している。このアジェンダの主な攻撃目標は以下の通りである。一　主権国家という政治体制、二　中国、インド、南米、アフリカを中心とした世界の「過剰人口地域」。

このような主張を「陰謀論」だと直感的に判断する人には、ヘンリー・キッシンジャー卿の悪名高いＮＳＳＭ二〇〇報告書を一読することをお勧めする。一九七四年に発表された「世界的な人口増加が米国の安全保障と海外利権に及ぼす影響[10]」である。この機密解除された報告書は、米国の外交政策を、開発推進の思想から人口抑制の新しいパラダイムへと大きく転換させた。この報告書の中でキッシンジャーは、

「将来の人口を合理的な範囲内に抑えるためには、一九七〇年代から一九八〇年代に出生率抑制対策を開始し、効果を上げることが急務である（中略）（資金）援助は、人口増加などの要素を考慮して行う。（中略）食糧と農業の援助は、人口に配慮した開発戦略にとって不可欠である。（中略）希少な資源の配分は、その国が人口抑制のためにどんな措置をとっているかを考慮すべきである。（中略）強制プログラムが必要かもしれないという別の見解もある（後略）。」

と述べている。キッシンジャーの倒錯した論理では、貧しい国々に産業と科学の発展の手段を提供することによって飢餓をなくそうとしてきたアメリカの外交政策の基本方針は、愚かなことであり間違いだったということだ。

狂信的なマルサス主義者のキッシンジャーは、貧困層の自立を支援することは、新しい中産階級がより多く消費することになり、自国の地下にある戦略的資源を使用することになるため、世界に不平等をもたらし、世界システムのエントロピー増大を加速させると考えたのである。

これは、キッシンジャーや人間嫌いのマルサスの人間観や国家観を共有する者たちにとっては受け入れ難いことだった。

キッシンジャーの主人―奴隷関係によるグローバル社会

キッシンジャーが、ニクソン大統領の下で国務長官として権力を握ったとき、世界の先進国と未開発国の間に新たな「主従関係」を作り出すことを目的とした新しい大戦略が打ち出された。（中略）特に、NSSM二〇〇がターゲットとした一三カ国と中国に重点が置かれた。[11]

中国自体は、人口増加を抑制するために一人っ子政策プログラムを実施するという、ロックフェラーと世界銀行の要求に従うという条件で、絶望的な貧困からの脱却を始動させるために必要な西洋の技術を獲得することが許されただけであった。

キッシンジャーは、産業革命後の「持つ者」である消費者と、産業との関わりはあるものの、自分たちが生産した商品を購入する手段を持たず、膨大な数の貧しい「持たざる者」である労働者を中心に、社会における新しい一連の関係の組織化をスタートさせた。肌の色の濃い人たちが住む政界の他の地域は状況がさらに悪化し、生産手段も消費手段も持たず、常に飢餓、戦争、後進国のままの状態に置かれることになると予測された。その大部分は、サハラ以南のアフリカが占め、その資源豊富な土地は、国民国家という「時代遅れの秩序」の上で世界秩序を動かそうとする企業の代理人や金融業者によって搾取されることになる。

キッシンジャーの世界秩序モデルは、人口増加や技術進歩の余地のない、まったく静的なものであった。毛沢東と文化大革命の四人組は、キッシンジャーのアジェンダと非常に親和性が高いように見えた。しかし、毛沢東が死去し、四人組が投獄されると、周恩来が立案し、鄧小平が実行した「四つの近代化」と呼ばれる新しい長期戦略が開始された。こ

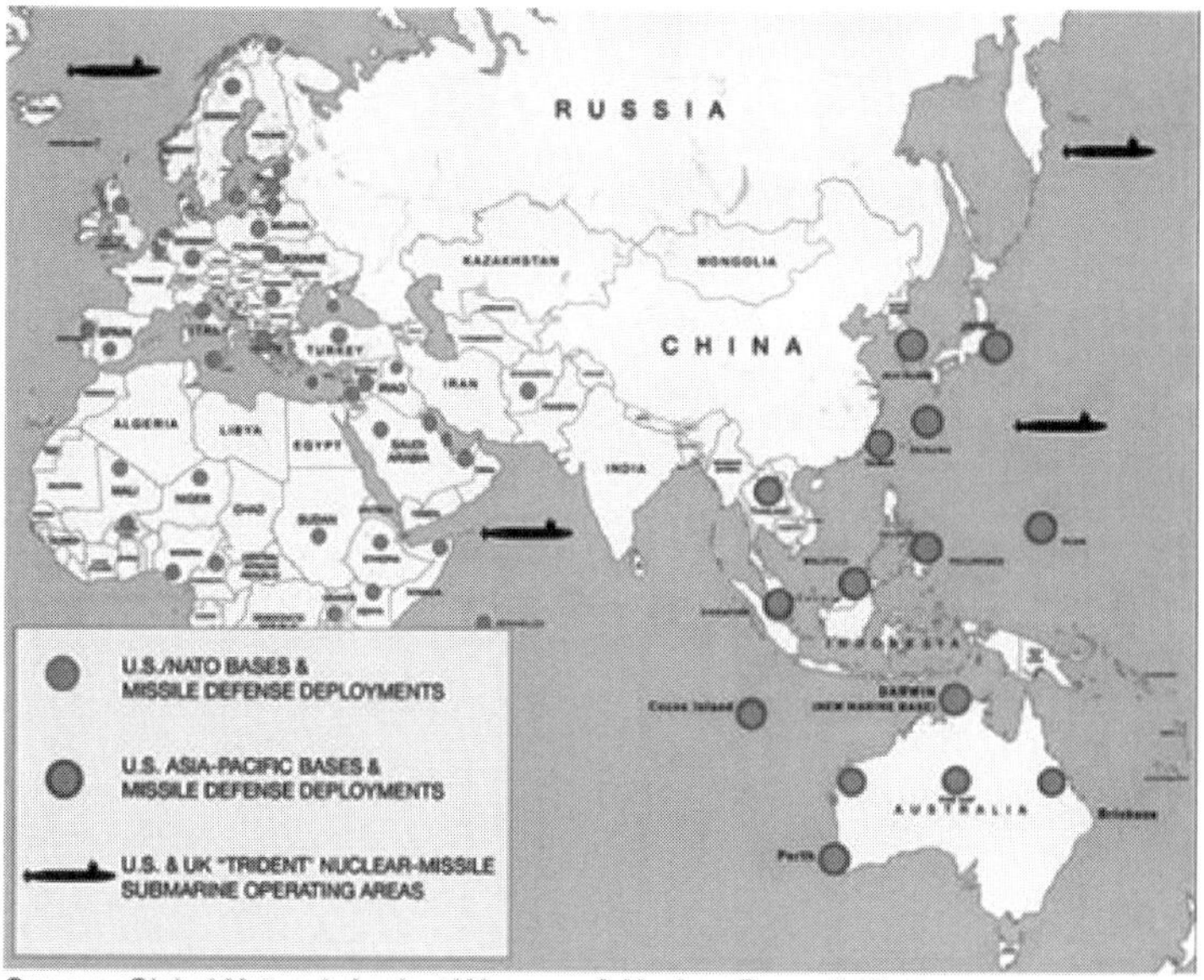

Source: Global Network Against Weapons & Nuclear Power in Space

のプログラムは、キッシンジャーが考えていたよりもはるかに先見の明があった。[12]

ファクト 二 中国は現在、産業振興の牽引力となっている。

欧米諸国が数値的に測定できるあらゆるレベルで衰退への道を加速している一方で、中国は、「一帯一路構想」(BRI = Belt and Road Initiative) などの包括的プロジェクトを通じて、自国だけでなく近隣諸国にも長期投資と先端技術開発を拡大し、急速に反対の軌道に進んでいる。

自国の人口は一九七九年に始まった悲惨な一人っ子政策から回復しておらず、回復のために必要な夫婦あたり子供二・一人の出生率の達成にはほど遠いものの、二〇一五年には一人という制限を二人に引き上げ、中国銀行（Bank of China）の主要エコノミストは、直ちにすべての制限を撤廃するよう要求している。[13] 一方、経済を支え成長させるために必要なフリー・エネルギーを増やすという中国のトップダウンの国家的志向は、閉じたシステムの欧米世界ではこれまで誰も考えなかったものである。

忘れられがちな重要な事実は、中国とインドが一緒になって、二〇〇九年一二月のコペンハーゲンでのCOP-14プログラムを妨害することに貢献したことである。COP-14では、社会の大部分の脱炭素化（と脱工業化）を導くために、法的拘束力のある排出削減目標を設定すると約束していたのである。

イギリスのガーディアン紙は二〇〇九年に次のように報じた。「コペンハーゲンは大失敗だった。実際に起こったことについての真実は、スピンやお定まりの相互誹謗中傷の中で見逃される危険性がある。真実はこうである。中国は会談を台無しにし、バラク・オバマにわざと恥をかかせ、ひどい「取引」を主張したので、欧米の指導者は非難を覚悟で席を立った。[14]」

どうやら中国とインドは、スーダンのようなアフリカの政府（ローズ奨学生スーザン・ライスの注意深い監視の下でまだ切り刻まれていなかった）と同様に、気候変動モデルやテクノクラートに自らの産業や国家主権を奪われたくないと思っていたことは明らかだ。気候変動モデルはわずか数週間前に、イースト・アングリア大学の研究者によって、恥ずべき詐欺であることが公に暴露された。[15]中国とインドが二〇〇九年にこの取り組みを妨害したことは称賛されるべきだが、このドラマを記憶に留めている人はほとんどいないし、この国家の主権をめぐる争いが、中国が二〇一三年に新興多極化同盟（the emerging Multipolar Alliance）の重要な推進役として「一帯一路構想」を策定したことと何らかの関係があることを理解している人は、まだ少ないようだ。

ファクト　三　ダボス会議二〇二〇でのソロスの言葉。オープン・ソサエティにとっての二大脅威その一、ドナルド・トランプの米国。その二、習近平の中国。

二〇二〇年一月のダボス会議の演説でソロスは、トランプと習近平の両者を、彼のオープン・ソサエティにとって、何としても阻止しなければならない二大脅威[16]として狙い撃ちした。二〇一九年九月（ちょうどイベント二〇一（コロナパンデミックのシミュレーションが主なテーマ）が開催されている頃）、ソロスはウォール・ストリート・ジャーナルにこう書いている。

「オープン・ソサエティ財団の創設者として、習近平の中国を倒すという私の目標は、米国の国益を超えたところにある。今年初めのダボス会議で説明したように、北京が構築しつつある社会信用システム（SCS = Social Credit System）は、もし拡大が許されるなら、中国だけでなく世界中の開かれた社会に死の鐘を鳴らしかねないと信じている[17]」。

「チャイナ・ウイルス」という作り話にどっぷりはまる前に、ドナルド・トランプは中国との良好な関係を強化するために並外れた努力をし、ソロスがダボス会議で講演した週に、苦労の末、最も重要な貿易取引の一つを第一段階に移行させることに成功してさえいたのである。この第一段階は、五〇年にわたる「ポスト工業主義」で空洞化したアメリカの失われた製造業を再建するプログラムの一環として、中国がアメリカの完成品を購入する市場を作るというものだった。

キッシンジャーがＮＡＦＴＡ（North American Free Trade Agreement = 北米自由貿易協

定）を「冷戦終結以来、新世界秩序（New World Order）に向けた最も創造的な一歩[18]」と呼んだのに対し、トランプはＮＡＦＴＡ成立以降二五年以上を経て、この反国民国家的協約を解消し、国民国家が経済政策を策定する役割を担う状態に戻そうとしたのである。

さらに重要なことは、トランプが、オバマのアジア・ピボット（アジア旋回）政策の下で始まった、今日核戦争の脅威となっている中国の完全な軍事的包囲を推し進める、戦争タカ派に抵抗したことである。彼は、一〇年以上にわたって「北朝鮮の脅威」を根拠にその拡大を正当化してきたＴＨＡＤミサイルによる中国包囲網から、燃料を抜き取ったのである。トランプが金正恩と友好関係を築こうとしたことは、多くの人が思っている以上に、アメリカの太平洋地域における軍事政策を変えるほどの影響を及ぼした。もちろん、この事実を中国の知識人たちが見逃すことはなかった。

ソロスとＣＩＡが主導するカラー革命作戦は、今のところ香港、チベット、新疆で、中国の分断に失敗しているが、アメリカでは、特に情報戦で成功を収めている。

ファクト　四　ペンタゴンが展開するグローバルな生物兵器複合体（Global Bioweapons Complex）は事実である。

中国が合計二つのBSL-4研究所（いずれも自国内）を所有する一方、ペンタゴンが運営する三〇〇以上に上る数の生物兵器研究所は世界各地に散らばっている。正確な数は特定しがたいが、一つの手がかりは、中国外務省が二〇二二年三月に発表した以下の記述だ。

「米国は三〇カ国が三三六の研究所を管理下に置き、ウクライナだけでも二六カ所に存在する。国内外での生物的軍事活動の全容を明らかにし、多国間の検証を受けるべきだ。」

ウクライナへの軍事介入の開始後、ロシアは、二〇二二年三月八日の外務省の報告によれば、ロシアとの国境にあるペンタゴンの三〇以上の研究所を掌握した。

「ウクライナの生物学研究所の職員から、二月二四日に行われたペスト、炭疽、野兎病、コレラなどの特に危険な病原体の緊急処理に関する文書を入手した。特に、ウクライナ保健省がすべての生物研究所に送付した、危険な病原体の全備蓄の迅速な廃棄に関する命令について、我々は問題にしている。（中略）得られた文書は現在、核・化学・生物保護部隊の専門家によって慎重な分析が行われているが、ロシア国境から近い場所にある研究所が、生物兵器の部品の開発に取り組んでいたという結論を出すことはすでに可能である。」

二〇一八年、調査報道ジャーナリストのディリャ・ガイタンジエヴァ（Dilya Gaytandzhieva）は、世界中の生物兵器研究所を維持するペンタゴンの数十億ドルの予算[19]について記事を書いた。それによると、二〇〇一年一二月の生物兵器化された炭疽菌攻撃で五人のアメリカ人が死亡して以来、指数的に増加し、二〇〇四年にチェイニー（副大統領）のバイオフィールド法が成立したときの五〇億ドルの予算から、今日では五〇〇億ドルを越えるまで生物兵器戦の予算の過剰な増大は正当化された。

ファクト　五　国際的なパンデミック戦争ゲームのシナリオがCOVIDへの国際的な対応の土台となった。中国ではない。

二〇〇一年六月の「ダーク・ウィンター作戦」、二〇一〇年五月の「ロックステップ作戦」の特集を組んだロックフェラー財団の報告書、二〇一九年の世界経済フォーラム／ゲイツ財団／ＣＩＡイベント二〇一パンデミック演習といった生物兵器戦争ゲーム演習を推進した勢力の存在は、中国が因果関係の中心ではないことを示している。[20]

これらの事実を総合すると、中国は仕組まれた方であり、実際には破壊の主要なターゲットだということを示している。

自国の経済に打撃を与え、世界の金融バブル経済の崩壊を加速させ、国際的な安定の基盤を消滅させるような新種のウイルスを無責任に解き放つことの受益者が中国であるなどと思うのは、実に馬鹿げている。特に過去数十年間に中国がしてきたことが、安定、長期的発展、米国などの国際社会とのウィン・ウィン協力関係の創造を一貫して望んでいたことを示している事実を考えると、なおさらである。

ファイブ・アイズのメンバーや、肥大化した帝国主義者の大西洋横断ネットワーク（Transatlantic Network）には、このようなことは何も見られない。

大西洋横断システムを動かしている寡頭勢力は、確かに中国のシステムに見られる中央集権的な統制を好み、行動主義的な社会信用システム（SCS = Social Credit System）のようなものを崇拝しているが、彼らの称賛はそこまでである。キッシンジャー、ゲイツ、カーニー、シュワブといった連中は、中国が開発のために実際に行ったこと、貧困の解消、人口増加、国民銀行、長期信用創造、国民生活のあらゆる分野における産業経済の構築、ユーラシア多極化同盟（Eurasian Multipolar Alliance）で緊密に結びついているロシアとの主権擁護のすべてを嫌い、恐れているのである。

注

［1］'Chinese Foreign Ministry Spokesman: 'It Might Be US Army Who Brought The Epidemic To Wuhan' by Tim Hains, *Real Clear Politics*, March 18

［2］'COVID-19- A Biological Weapon Targeting Ethnicity and Body Systems,' by Larry Romanoff, *Canadian Patriot Review*, April, 2022.

［3］'Ex-MI6 boss claims coronavirus started in a lab , by James Hockaday,' *Metro UK News*, June 4 2020

［4］'American Shadow Creatures Exposed: But Will the Empire Still Win the Day?', by Matthew Ehret, *Canadian Patriot Review* June 6, 2020

［5］'Rand Paul Confronts Fauce For Funding The Wuhan Institute of Virology' *National File*' May 11, 2021

［6］'Documents reveal China discussed weaponization of coronaviruses priorto pandemic, *Sky News*, May 08, 2021

［7］'Ex-CDC Director Robert Redfield believes COVID-19 came from Wuhan lab', by Lia Eustachewich, *New York Post*,March, 26m 2021

［8］*The Pentagon Bio-weapons*, by Dilyana Gaytandzhieva, April 19, 2021

［9］'British Psyciatry: From Eugenics To Assassination', by Anton Chaitkin, *Principia Scientifica*, July3, 2019

［10］*National Security Study Memorandum: Implications of Worldwide Population Growth For U.S. Security and Overseas Interests*, December 20, 1974［declassified 1989］.

[11] 'The full story of Kissinger's efforts to create a perpetual sweat shop slave society in China see - Who is Creating a New Chinese Boogey Man? (An Examination of Modern Psychological Warfare)' by Matthew Ehret, *Canadian Patriot Review*, Dec. 17,2020

[12] 海外からの輸出で大いに必要とされる収入を得ながら、中国は、かつて西洋が開拓した技術を時間をかけて学び、技術を飛躍させ、生産手段を獲得することで可能となる真のルネッサンスのための基盤を徐々に築き始めた。周恩来は、早くも一九六三年に四大近代化プログラム（工業、農業、国防、科学技術）を掲げ、一九七六年一月の死の直前にこのプログラムを再提示した。このプログラムは、一九七八年七月六日の国務院フォーラムで、経済学者である顧武《グームー》の代表団が世界の先進国（日本、香港、西ヨーロッパ）を回って行った国際調査団の調査結果に基づく「四つの近代化を導くための原則」について発表され、その内容が明らかにされた。顧武の報告書は、中国がキッシンジャーのようなテクノクラートが、世界に遵守させることを望んだ閉鎖系経済学のルールから最終的に脱却するために必要な、非線形ブレークスルーを推進する新世代の科学者の認識創造力の育成に焦点を当てた、全領域経済主権のための具体的道筋を示したものであった。

[13] 'China population: birth control policies should be scrapped to retain economic edge over US, says central bank', *South China Morning Post*, April 15, 2021

[14] 'How do I know China wrecked the Copenhagen deal? I was in the room', *London Guardian*, Dec.22, 2009

[15] 'The Evidence of Climate FraudMarc Sheppard'' *American Thinker*' Nov. 21, 2009

［16］'George Soros rips Trump and Xi, says the 'fate of the world' is at stakein 2020'、CNBC、January 23, 2020

［17］'Will Trump Sell Out the U.S. on Huawei?' by George Soros, *WSJ*, Sept. 20 2019

［18］'With NAFTA, US Finally Creates New World Order', by Henry Kissinger, *Los Angeles Times*, July 18, 1993

［19］'The Pentagon Bio-Weapons', Dilyana Gaytandzhieva、April 29,2018

［20］ダーク・ウィンターの概要については、以下を参照。'Heard of Operation Dark Winter? Here's Why It Matters Now', *Patriots Supply*, August 5, 2020 ロックステップの概要については、以下を参照。'Scenarios for the Future of Technology and International Development', p.18 (Lock Step) *Rockefeller Foundation*, 2010 イベント201の概要については以下を参照。centerforhealthsecurity.org/event201/

第四章
キッシンジャーの中国人奴隷労働プログラムは どのように解除されたか？

Breaking Free of Anti-Chinese Psyops 4
How Kissinger's Chinese Slave-Labor Program Came Undone

中国が諸悪の根源であると、頭の悪い欧米人に信じ込ませるためにフルに展開されている、現在の心理作戦の本質を理解するには、最近の歴史の中で過小評価されている事実をいくつか確認する必要がある。一九六八年以降の米中関係を語る上で、元国務長官ヘンリー・キッシンジャー卿（正真正銘の大英帝国ナイトの称号を授与されている）は重要な人物なので、彼と中国との関係から始めるのが賢明であろう。

キッシンジャーは、毛沢東の文化大革命という暗黒時代の後、中国に西洋の市場を拡大し、中国の開国を助けた「賢明な」自由主義政治家として賞賛されているが、真実は全く違う。

世界政府と人口抑制の信奉者であるキッシンジャーは、世界の新しい秩序作りを推進するために、人類の歴史の中で特に重要な時期に選ばれたグローバリストの道具だったのである。

キッシンジャーはチャタムハウスでFDRではなく、チャーチル側についた。

キッシンジャーの戦略的思考と、中国とアメリカの双方に対する彼の計画を正しく理解するためには、一九八二年五月一〇日に、ロンドンのチャタムハウスで行われた「パートナーシップに関する考察——戦後外交政策に対する英米の姿勢」と題する講演が参考になる。

「第二次世界大戦中および戦後初期の英米同盟に関するあらゆる論述は、フランクリン・ルーズベルトとウィンストン・チャーチルの間に、それぞれの国の歴史を反映した哲学上の大きな違いがあったことに注意を促している。（中略）多くのアメリカの指導者たちは、チャーチルが不必要に武力外交（パワー・ポリティクス）に固執し、反ソ連に固執し、現在第三世界と呼ばれている国々に対する態度が植民地主義的で、アメリカの理想主義が常に目指してきた、根本的に新しい国際秩序の構築にはほとんど関心がない、と非難している。イギリスは間違いなく、アメリカ人を素朴で道徳主義的で、世界の均衡を保つための責任から逃れていると見ていた。この論争は、アメリカの意向に沿って解決されたが、私の考えでは、戦後の安全保障に不利益をもたらした。」

世界を生産者と消費者に分ける

一九七一年に金準備制度が廃止（ニクソン・ショック）されて以来、グローバル化が進展した世界に「ポスト工業化」の新時代が到来した。

人類は、人間の本質と価値の源泉が消費行為にあることを前提とした、新しいタイプのシステムを手に入れた。少なくとも欧米の市民にとっては。

人間の本質は創造的であり、我々の富は生産することと結びついているという考え方は、過去の時代遅れのもの（中略）、汚れた古い産業時代の遺物であるとされたのである。

一九七一年以降の新しいオペレーティング・システムのもとでは、私たちは、世界は生産者と消費者に分けられると教えられた。

第一世界の消費者は、かつて自分たちが作っていた商品の生産のために、「持たざる生産者」が提供する安価な労働力にますます依存するようになるだろう。「第一世界」の国々は、規制緩和と市場経済という新しいポスト工業時代のルールに従って、重工業、工作機械、その他の生産部門を海外に移転し、自分たちは「ホワイトカラー」のポスト工業消費社会に移行すべきだと言われたのである。このような産業のアウトソーシングが進め

ば進むほど、欧米諸国は、自国民を維持し、自国のインフラを構築し、自国経済の運命を決定する能力を低下させていくことになった。

北米の労働力の四〇％以上が製造業に従事していた全面的経済の代わりに、「安いものを買う」という新たな中毒が始まり、「サービス経済」が癌のように支配するようになった。

さらに悪いことに、植民地支配からの独立を目指す多くの新興独立国は、発展の夢を捨てることを強いられた。さもないと、生産者―消費者という世界の階層化の実現が不可能になるからだ。この命令に抵抗する指導者は、暗殺されるか、ＣＩＡによって権力を剥奪される事態に直面することになる。新しいルールに順応した指導者たちは、やがて新しい時代の「エコノミック・ヒットマン（アメリカの大企業の意向をうけて、「世界各国の指導者たちを、アメリカの商業利益を促進する巨大ネットワークに取り込む工作員」）の下働きとなるのである。

中国と欧米――歴史の真相

一九七八年に鄧小平が中国の「開放」を発表したとき、キッシンジャーはすでに一九七一年の経済パラダイムシフト、一九七三年の人工的な「石油ショック療法[1]」をやり遂げており、一九七四年には悪名高いNSSM200報告書を執筆し、グローバル・サウス（Global South）の貧しい国々を標的に、その土地の地下資源は米国の合法的所有物であるという論理で、新たな**人口削減政策**へと転換させたのである[2]。

キッシンジャーと、彼が恩恵を被っていた三極委員会／CFR（米外交問題評議会）の工作員の巣窟は、中国を真の同盟国とは見なさず、彼らの新しいディストピック（反ユートピア的）な生産者―消費者世界秩序のもと、今やポスト工業国となった欧米に安い商品を供給する豊富な安い労働力の地域としか見ていなかった。

中国（当時はまだ大部分が貧しい第三世界）は、文化大革命による長年のトラウマから、マネーと短期的な救済を受け入れるほど自暴自棄になっていると考えられていた。キッシンジャーの論理では、中国は現状を維持するのに十分な資金を受け取るが、自分の足で立つことはできないと思われていた。

しかし、周恩来の指導を受けた指導者たちと、彼の弟子である鄧小平は、欧米のパートナーたちが想像していたよりもはるかに長期的な戦略的視点を持っていたことを、キッシンジャーは知らなかった。

中国は、海外への輸出によって必要な収入を十分に得ながら、徐々にスキルを学び、テクノロジーを飛躍させ、欧米諸国がかつて開拓した生産手段を手に入れることによって可能となる、真のルネサンスの基盤を作り始めていたのだ。周恩来は、早くも一九六三年に**四大近代化（工業、農業、国防、科学技術）**の命題の下、この先見性のあるプログラムを初めて発表し、一九七六年一月の死の数週間前には、このプログラムを再提示した。[3]

このプログラムは、一九七八年七月六日の国務院フォーラムで、経済学者である顧武を代表とする国際調査団が世界の先進国（日本、香港、西ヨーロッパ）を回って実施した調査の結果に基いて「四つの近代化を導く原則」について発表されたことで具体化した。顧武の報告書は、キッシンジャーのようなテクノクラートが世界に対して遵守するように願望した閉鎖系経済学のルールから最終的に脱却するために、中国が必要とする非線形の飛躍的発展を推進する新世代の科学者の知識の向上と創造性の育成に焦点を当てた、全面的経済主権のための具体的経路を示している。
鄧小平は、「労働」を純粋に物質的な制約から再定義し、その概念をより高い心の領域に昇華させることによって、知識人の間で流行していた急進的なマルクス主義から脱却するよう、次のように呼びかけた。

「科学技術界で最も優秀な人材を数千人選び出し、彼らが研究に専念できるような環境を整えるべきだ。経済的に困難な人には、手当や補助金を与えるべきだ。（中略）我々は、知識を尊重し、訓練を受けた人材を尊重する雰囲気を、党内に作り出さなければならない。知識人を尊敬しないという誤った態度は、改められなければならない。すべての仕事は、精神的なものであれ、肉体的なものであれ、労働である。」

その後数十年の間に、中国は学び、学生なら誰もがするように、西洋の技術をコピーし、改良し、再構築しながら、徐々に能力を高めていき、ついにはあらゆる西洋のモデルを凌駕する人類の知識の限界に挑むことができるようになったのである。

科学技術の進歩は中国経済全体の原動力となり、一九八六年には、宇宙、レーザー、エネルギー、バイオテクノロジー、新素材、オートメーション、情報技術などの分野に焦点を当てた「**八六三研究開発プロジェクト**」が発表された。[4] このプロジェクトは、国家科学財団の指導のもと、創造的イノベーションの推進力となり、二〇〇九年に「**九七三基礎研究プログラム**」に格上げされた。[5] これは、「一、国家の発展に関連する学際的・基礎的研究の支援、二、最前線の基礎研究の推進、三、独創的研究ができる科学者の育成の支援、四、質の高い学際研究センターの構築」を目的としている。

こうした長期計画の成果が現れ、一九九六年には、中国とヨーロッパ、アフリカを結ぶ古代の貿易路を、中東やコーカサスを経由して復活させる「**新シルクロード**」の議論が、北京政府主催の会議などで始められていた。

このようなイベントへの数少ない西洋からの参加者の中に、シラー研究所（Schiller Institut）がある。研究所の創設者たちは一九九七年にセミナーを開催し、[6] このプログラムについて説明した。そしてこれは、二〇一三年に習近平が「一帯一路」構想の下で中国の外交政策の焦点としたことで、ようやく息を吹き返したのである。

一九九七年当時、すでに実現への勢いがあったにもかかわらず、なぜこのプログラムは二〇一三年まで世界の舞台で花開くのを待たねばならなかったのだろうか？

ジョージ・ソロスのアジア市場への攻撃

一九九七年五月、ジョージ・ソロスは東南アジアの「タイガーエコノミー」と呼ばれるミャンマー、タイ、インドネシア、フィリピン、ラオス、マレーシアを標的として、それぞれの国の通貨の投機的空売りを行い、アジア全体と世界のより広い地域を数カ月間の無秩序な状態に陥れた。

通貨はその後八カ月の間に一〇〜八〇％暴落し、回復には何年もかかった。

マレーシアのマハティール・モハマド首相は、勇敢にもソロスの経済戦争を非難し、嵐を避けるために資本規制を実施し、国の安定を維持するために大いに貢献した。「**麻薬を製造・販売する者たちが犯罪者であるのと同様に、国家を破壊し、貧しい国の経済を弱体化させる彼らもまた犯罪者なのだ**」。中国の江沢民国家主席は、ソロスを「**金融スナイパー**」と呼び、この投機家を中国市場に参入させないと表明した。

アナリストのマイケル・ビリントンは、一九九七年八月のＥＩＲレポート[7]で、以下のように鋭く指摘している。

「究極のターゲットは中国である。イギリスが特に懸念しているのは、中国とＡＳＥＡＮ諸国との協力関係がますます緊密になり、中国がユーラシア・ランドブリッジ計画の傘の下で始めた大規模な地域・大陸開発プロジェクトに、ＡＳＥＡＮ諸国が統合されつつあることだ。このような真の開発政策は、『グローバリゼーション』モデルの安価な労働力と植民地的な輸出産業、すなわち現在世界中で崩壊しつつある金融バブルをもたらしたモデルに代わるものである。」

一九九七年～二〇一三年は激動の時代

ロングターム・キャピタル・マネジメント（Long-Term Capital Management = LTCM）の破綻（中央銀行が救済しなければ一九九九年に世界経済が崩壊するところだった）、二〇〇〇年のＹ２Ｋ問題／技術バブルの崩壊に続いて、世界市場は何度も崩壊しそうになった。九・一一は新たな戦争時代を招来し、金融システムの腐敗から目をそらす一方で、デリバティブは規制緩和され、「大きすぎて潰せない《トゥー・ビッグ・トゥ・フェイル》」銀行の形をとって、国家が抑制できる範囲をはるかに超えて膨らんでいった。

このように不安定化した、テロ、安易な資本投機の時代に中国とユーラシア大陸の同盟国は、上海協力機構の設立、長期計画、実物経済活動（投機ではなく）に焦点を当て、ゆっくりと、しかし着実にその物理的基盤を再構築するために動いたのであった。**中国が世界で唯一、中央銀行を国家管理し、グラス・スティーガル体制**（投資銀行と商業銀行の分離）**を維持していることは、銀行家の独裁を熱望する人類の敵には理解されなかった。**

このようなプロセスは、欧米の一極集中計画が、全ての国家を完全に従属させるためには核戦争も辞さないことが明らかになるまで続いた。オバマ大統領は、中国に対するＴＰＰ（環太平洋パートナーシップ）経済攻撃とともに、アジア・ピボット（空海戦）計画を発表したのだ。左翼ファシストの微笑みの裏に隠れた真の醜い顔を覆うベールが、今剥がされ、ロシア周辺の全面的軍事包囲網が、中国周辺にも全面的に拡大されていることが明らかになったのである。

二〇一三年～現在　新シルクロードの復活

このような存亡の危機に直面して、中国では習近平が新しい指導者として登場し、中央政府、省、市のすべてのレベルで、党の腐敗に対する歴史的な引き締めが強力に開始され[8]、習が二〇一三年にカザフスタンで発表したＢＲＩ（Belt and Road Initiative）「**一帯一路構想**[9]」は、一五年前の新シルクロード・ユーラシア・ランドブリッジ政策を復活させたのだった。

この戦略は、（過去一〇〇年にわたり民営化を免れてきた）中国の国営銀行システムが、自国内だけでなく、人類史上かつてない規模でグローバルなインフラ整備に大規模な信用供与を開始したことにより、構想から目を見張るような現実へと急速に移行した。中国の国家銀行の重要性は、いくら強調してもし過ぎることはない。

中国の強固な国家銀行システムの中で最も重要なのは、以下の四つのカテゴリーである。

一、政策銀行（中国農業開発銀行（ＡＤＢＣ）、中国開発銀行（ＣＤＢ）、中国輸出入銀行（ＣＨＥＸＩＭ））二、国有銀行（中国農業銀行（ＡＢＣ）、中国銀行（ＢＯＣ）、中国建設

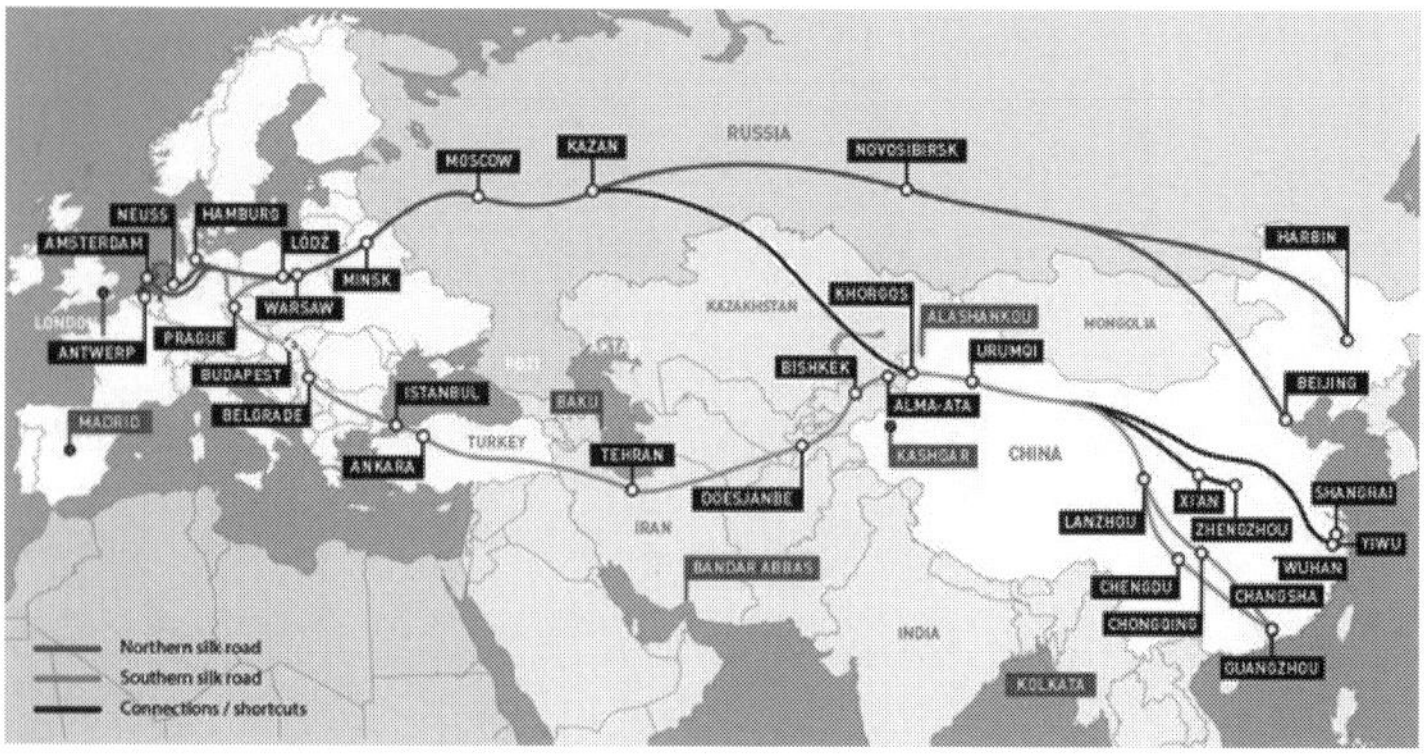

銀行（ＣＣＢ）、中国商工銀行（ＩＣＢＣ））三、国有ファンド（中国投資有限責任公司（ＣＩＣ）、シルクロード・ファンド（ＳＲＦ））四、国際金融機関（アジア開発銀行（ＡＤＢ）、アジア・インフラ投資銀行（ＡＩＩＢ）、新開発銀行（ＮＤＢ））。

　これらの機関は、投機的で負債に追われる欧米諸国にはない強みを中国に与えている。彼らは、金融政策を作成するために、不当に民営化された中央銀行制度に頼らざるを得ない。一方中国は、これらの信用供与の力によって、四兆ドルを超える融資と、新シルクロード・プロジェクトへの直接投資を国際的に展開し、数十の先進的な新都市を建設することが可能になったのである。中国は一〇年足らずの間に、欧米企業の何分の一かのコストでトンネル掘削技術の世界的リーダーとなり、その技術を欧州の政府に売り込んでさえいる。中国製の新しい設計の橋梁建設機械により、記録破りの速さで橋を作る手

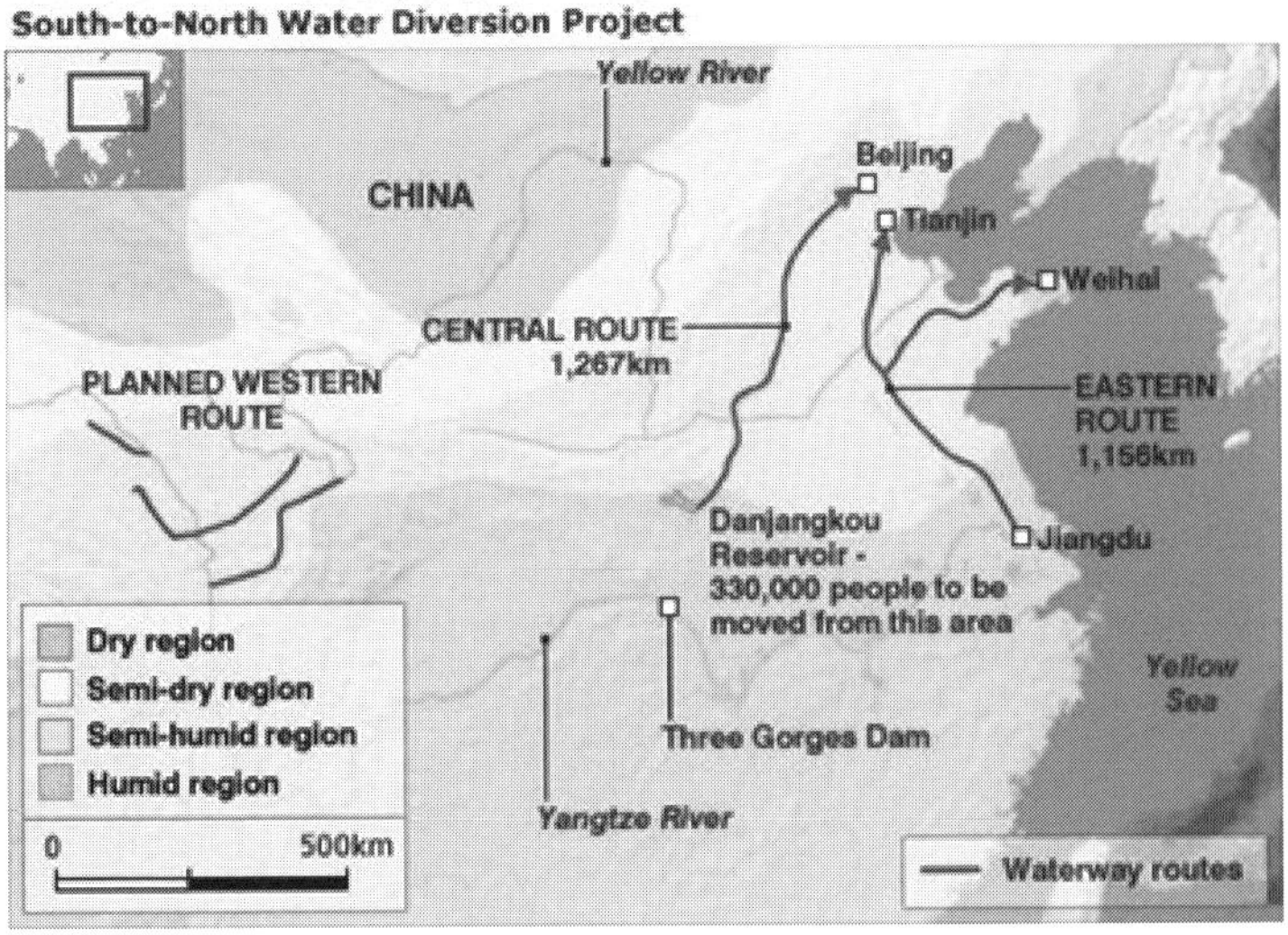

豊富な水。南の水を北へ運ぶ

段を得た。

欧米のグリーン・ニューディール政策を主導するマルサス主義テクノクラートは、砂漠の生態系を守るために大規模な水利事業や水力発電施設の建設を禁じているが、一方で中国は、国民の長期の生存に不可欠な大規模水利事業における世界のリーダーになっている。

豊富な水　南水北調プロジェクト

中国のアンチ・ゼロサム・パラダイム（欧米世界の新自由主義的グローバリズムの思想に反対すること）で最も見過ごされている要素のひとつが、北米の水危機に直接関わる「**南水北調**」**プロジェクト**

である。

二〇〇一年に始まったこの六四〇億ドルのプロジェクトは、人類史上最大の事業である。洪水が多く、人口密度の低い南の長江（揚子江）源流部から、旱魃の多い北の工業地帯に必要な水を送るために、技術者たちは年間四四八億立方メートルの水を南から、北と黄河流域に送るためのプロジェクトに着手してきた。

三つのルートからなり、最初に着工されたのは大運河の東ルートで、長江から年間一二六億立方メートルの水を、蒸発を防ぐ巨大トンネルを経て天津まで約一二〇〇キロメートルの距離にまで送る。このルートは、二三の揚水場を通じて水を供給し、途中で四五・四MWの電力を供給する。このルートは二〇一三年に完成した。

次に、二〇〇四年から二〇一四年にかけて建設されたのが、漢江の丹江口貯水池から年間九五億立方メートルの余剰水を一二二四キロメートル先の北京まで分流させる中央ルートである。この巨大プロジェクトでは、二つのトンネルを建設し、この水を黄河の地下六五メートルに送り込み、北上させる。

最後に、第三の西ルートは二〇五〇年に完成する予定で、長江とその支流からチベット高原を通過して黄河に水を運ぶものである。

これらのプロジェクトを中傷する人々は、これらのプロジェクトによって避難を余儀なくされた三三万人の住民だけに注目しているが、洪水のコントロール、灌漑事業の増加、都市や産業活動への水の利用が、今後数世紀にわたって無数の人々の命を救うことになるのは否定しようがない。

緑の未来への相反する二つの道

中国は砂漠を緑化し、食糧を増やし、人々を貧困から救い出しているのだから、これは有効な唯一のグリーン政策である。これに反して、**マーク・カーニーやクラウス・シュワブのようなWEF（世界経済フォーラム）の理事たちによって「グリーン」と称される怪物は、自然保護という薄い皮を被った人口削減プログラムを推進しているに過ぎないの**である。

「持続可能な開発」という概念を定義する場合、一方は、一極集中のルールに基づく国際秩序の下での脱成長（および人口削減）のための婉曲表現として使われているが、もう一方は、大規模な資本集約的インフラ整備を前提とした長期的な成長、多極化、さらには人口増加の原動力としての「持続的発展」を志向している。

一方は、ソーラーパネルを地球全体に広げて砂漠を増やす（そして結局地表の温度を劇的に上昇させる）システムであり、もう一方は、中国の「南水北調」のように、入念な埋め立て、海水の淡水化、水利用の計画によって砂漠を実際に緑化するものだ。

まさに、中国とインドは、多くのグリーンエネルギー・プログラムを構築しており、二〇六〇年までにCO2（二酸化炭素）排出量を抑制する予定である。しかし、第四次産業革命と騒いでいる欧米のポストモダンの無力な者たちとは異なり、ユーラシア諸国は風車やソーラーパネルに開発戦略全体の命運を託しているわけではない。そうではなく、彼らの戦略は、水力発電、石油、石炭、天然ガス、水素発電、そして次世代原子力発電（トリウム溶融塩炉や核融合発電の先駆的研究が進行中）のための有力なプログラムに向けられているのだ。

インドと中国の経済活動により、世界のバイオマスが五％以上増加したというNASAの最近の驚くべき発見を見れば、人類の成長願望と生態系の健全性の対立は、荒唐無稽な作り話であるという事実が徐々に主流になりつつあることがわかるであろう。二酸化炭素が、葉緑素を持つすべての生物にとっておいしい食べ物であるという明白な事実も、二酸化炭素を悪者にしようとする動きの中で見失われてはならない。

新疆ウイグル自治区、チベット、発展への自由

ファイブ・アイズに管理された欧米政治勢力からの大声の非難にもかかわらず、アフリカのBRI（一帯一路）パートナーと自国の少数民族の両方に対する中国のアプローチは、欧米寡頭勢力が何百年にもわたっておこなってきた、搾取と文化的虐殺という極悪非道な伝統とは全く対照的である。[10]

左右を問わず欧米のメディア・プラットフォームのシナリオ作成者は、新疆とチベットにおける奴隷労働プランテーション、大量虐殺、再教育施設のイメージで中国を叩くが、真実は全く異なるものである。

チベットや新疆で見られるのは、文化遺産保護センター、爆発的な識字率の上昇、伝統的な言語、歌謡、物語、踊りの称揚と教育が、政府の全面的な支援を受けていることである。新疆では、一人当たりのGDPが一九七九年の一〇〇倍になり、平均寿命も一九四九年の三〇歳から現在では七二歳に伸びている。

この原稿を書いている二〇二二年現在、二〇一四年に完成した蘭新電化旅客鉄道と並行

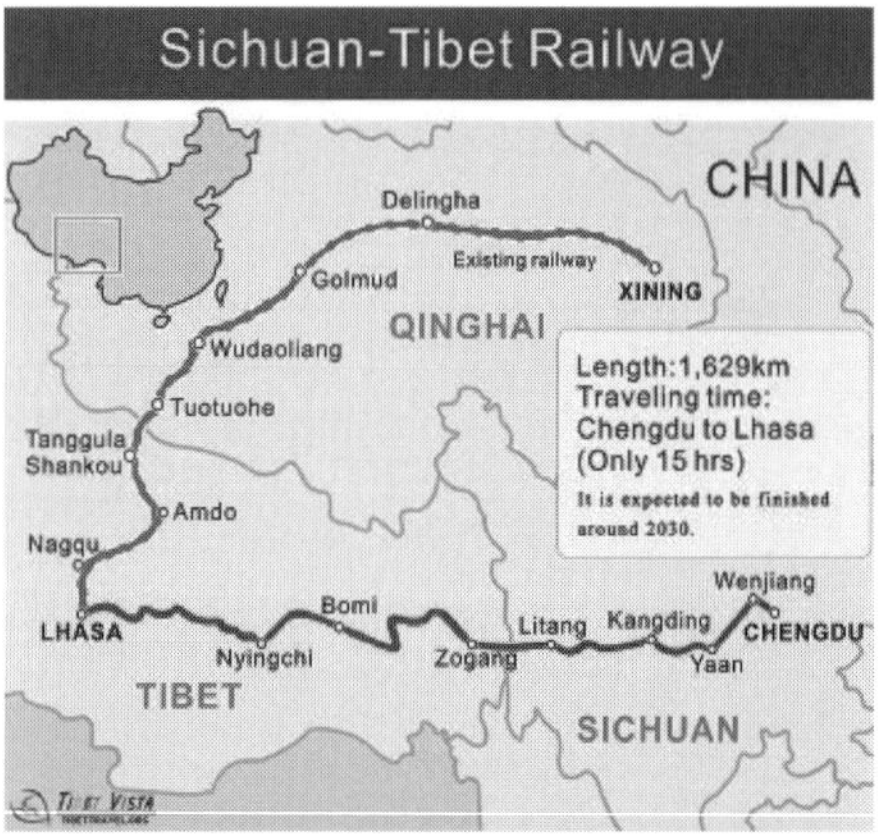

NASA地球観測衛星のデータから、世界のバイオマスの膨大な増加は、主に中国とインドが主導する大規模な水と開発のプロジェクトによってもたらされていることが実証された。

して、蘭州―ウルムチ間を走る総距離一七七六キロメートルの大型高速旅客鉄道が建設中である。新しい高速ルートが完成すると、蘭新電化旅客鉄道はユーラシア・ランドブリッジを構成する貨物鉄道に姿を変え、中国東部からロッテルダムまで一一、〇〇〇キロメートルを貨物が運行することになる。

新疆ウイグル自治区では、タクラマカン砂漠を一周する和若《わじゃく》線や、中国からキルギス、

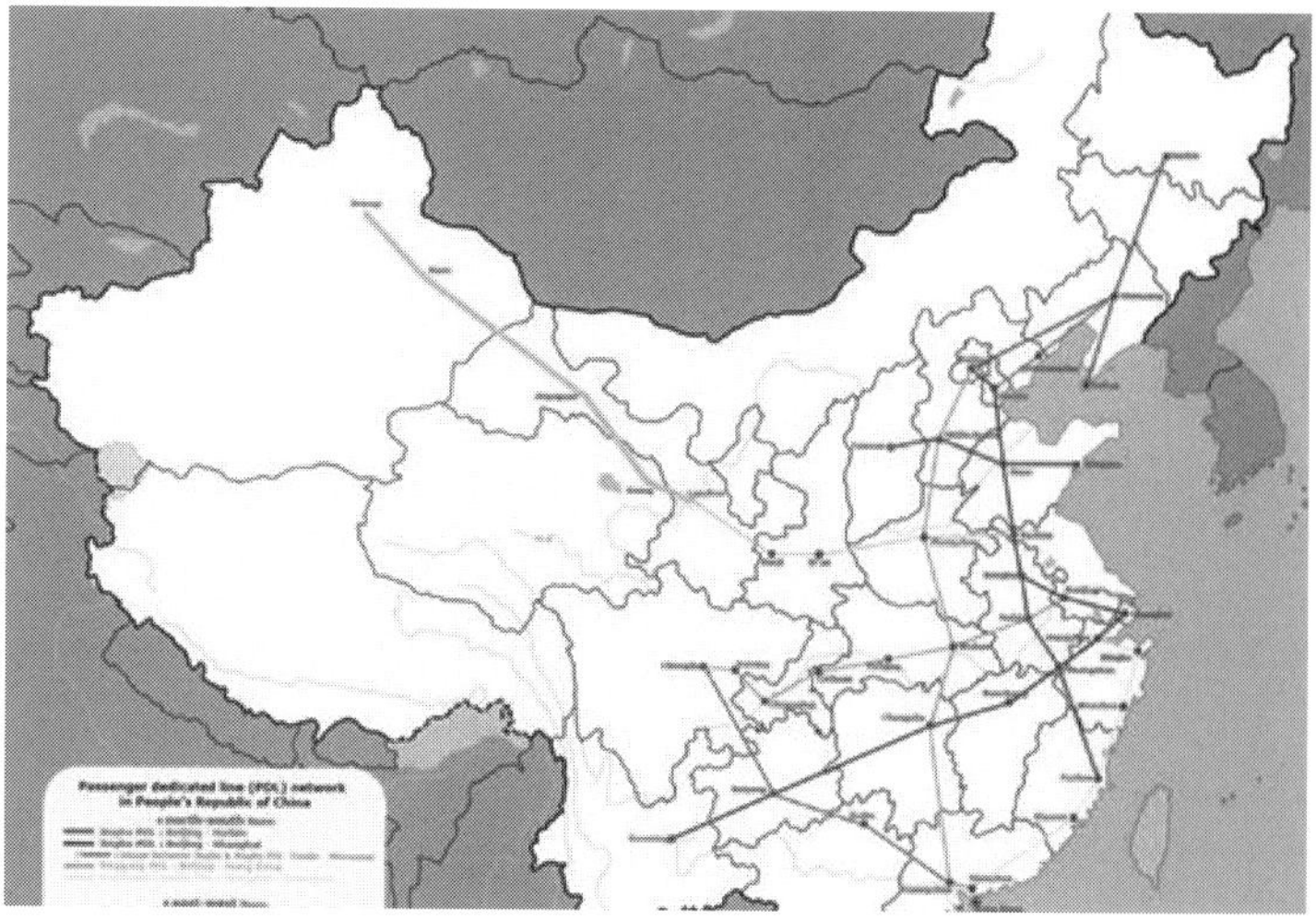

新疆ウイグル自治区の奥深く、モンゴルの北部に伸びる高速鉄道路線

ウズベキスタンに至るカシュガル—オシュ間六〇〇キロメートルの鉄道プロジェクトも進められている。後者のプロジェクトは、一九九〇年代以降、過激化したジハードがパキスタンやアフガニスタンに流入し、サウジのワッハーブ主義者たちの着陸地点として機能した、ウズベキスタンのフェルハナ谷（七〇キロメートルの国境を共有して中国にも戻る）に、必要不可欠な成長をもたらすものである。現在、中国—パキスタン経済回廊の延長線上に、新疆南部のカシュガル市からパキスタンへの新しい高速道路と、砂漠を貫く新しい鉄道の建設が決定している。

　このような文化的成長の証となる成果は、すべての少数民族地帯に広がっているが、

長寿、人口密度、生活の質、貧困の削減、乳児死亡率の減少、高度な産業技術、きれいな水、インターネット、豊富な電力へのアクセスなどにも劇的な成長が見られる。

宗教の面では、現在新疆には二四、四〇〇以上のモスクが存在する。五九の仏教寺院と二五三の教会があることは言うに及ばない。わずか八年間で、サウジアラビアと米国が資金援助した中国国内のテロという難題に対処し、アラブ諸国を石器時代に戻しているような爆撃を一つも受けなかったのは、小さな成果でとは言えないだろう。

チベットでは、高速鉄道と在来線によって、長い間貧困にあえいでいた地域社会がより広い世界市場につながり、持続性のある技術力と訓練によって若者たちに活気がみなぎって

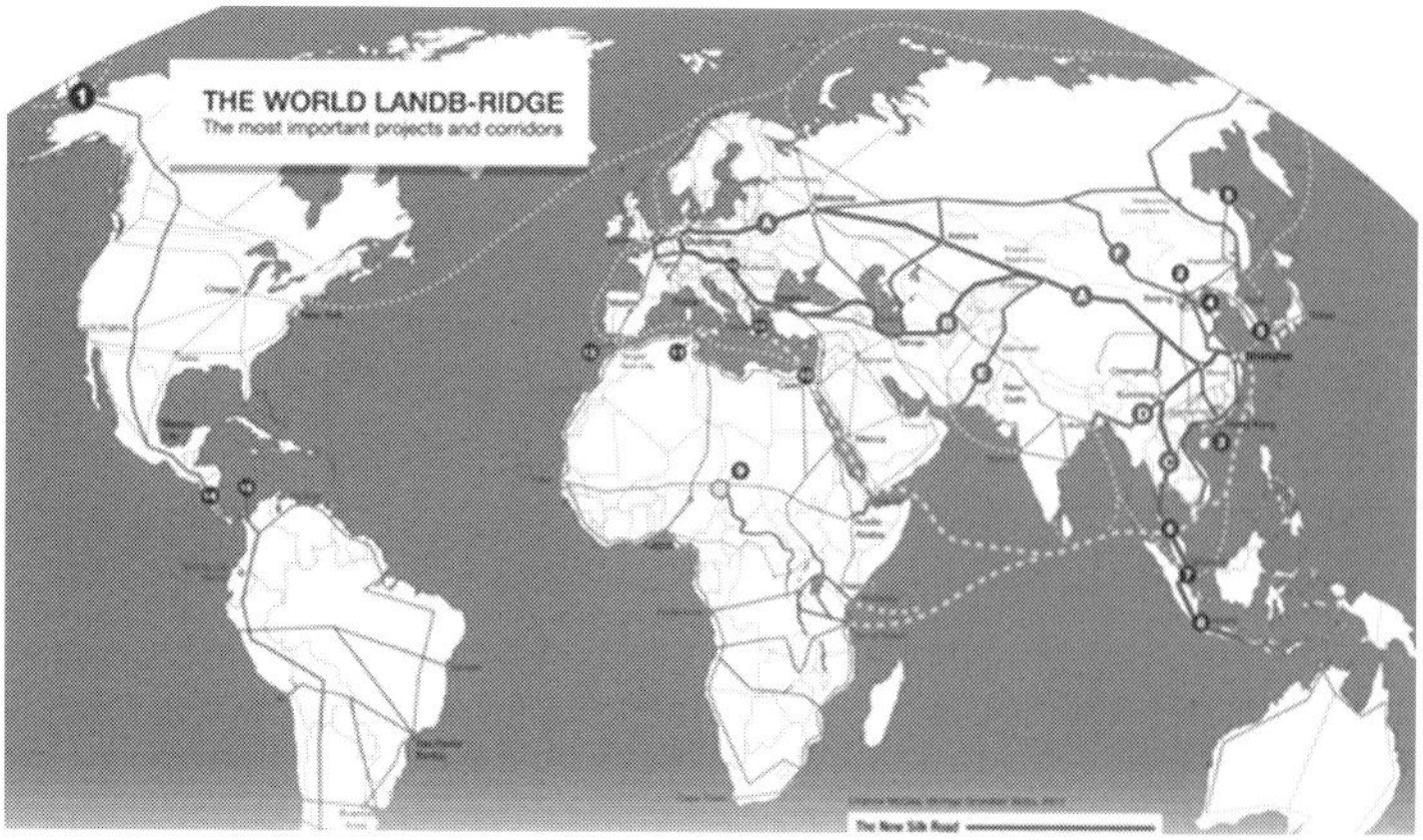

今日成長している一帯一路構想は、ウィリアム・ギルピンの一八九〇年の夢を再現した世界の陸橋へと急速に進化している。

いる。

仏教寺院も政府の全面的な支援で繁栄している。NED（全米民主主義基金）が力を入れる新疆ウィグルとチベットに関するプロパガンダは、こうした中国人の生活の実際の姿が見えないようにするためのものだ。[11]

中国企業に有利な利権が、西南アジア、アフリカ、そしてそれ以外の地域で始まるBRI（一帯一路）関連のプロジェクトのほとんどに組み込まれていることは確かだが、インフラ（ハード・ソフト両面）、新しい産業拠点、教育の機会が、猛スピードで生み出されていることも事実である。[12]

アフリカ各地では、チベットや新疆で目撃したのと同じ政策と連動して、地元の文化的伝統が繁栄していることがわかった。読者にとってもしこれが初耳なら、エポック・タイムズ（大紀元時報）など読まずに、アフリカのローカルニュースか中国グローバル・テレビジョン・ネットワーク（CGTN）のアフリカ・チャンネルを観てみるといいだろう。

中国のアプローチは、IMF、世界銀行、USAIDのプログラムが、貧しい国々を何十年にもわたって不当な債務の罠の奴隷状態に置き、魚を買うための資金は提供しながら、自分たちで漁をする能力を持つことを決して許さなかったことと全く対照的である。中国は大規模な建設プロジェクト、製造拠点、そしておそらく最も重要なこととして、高度なエンジニアリングスキルの成長を促してきた。[13]

国際力学　オープンシステムとクローズドシステムの衝突

BRI（一帯一路構想）は、すでにアフリカの多くの地域で成功を収め、鉄道や港湾などのインフラは、IMFや世界銀行の融資条件によって長い間人質にされてきた国々に新鮮な風を送り込んでいる。パキスタンと西南アジアの国々の多くも、中国―パキスタン経済回廊の拡大を通じて、BRIに乗り気になっている。アラブ二〇カ国が過去三年間に大規模なＢＲＩインフラ・プロジェクトをまとめ上げ、イランは二〇二一年七月に中国と四〇〇〇億ドルの契約を結んだ。トルコやサウジアラビアといった欧米の傀儡国家でさえ、崩壊する一極型秩序の中で自分たちの将来の見通しがつかないことに気づき、新シルクロードに参加するチャンスをつかんだのである。

さらに、ラテンアメリカ諸国の多くも数千億ドル規模のインフラ・プロジェクトに参加しており、中国はラテンアメリカの四〇以上の戦略的港湾の支配権を握っている。

中国はしばしば知的財産の窃盗で非難されるが、現実には欧米諸国を明らかに凌駕し、科学技術のあらゆるレベルでパイオニアとなり始めている。中国は現在、米国よりも多くの特許を登録しており[14]、三万キロメートルを超える高速鉄道、橋梁建設、トンネル工事、さらには水管理、量子コンピュータ、ＡＩ、高度通信、さらには宇宙科学において最先端のリーダーとなり、ヘリウム３の採掘を意図して月の裏側に初めて降り立った国であり[15]、今後一〇年間でロシアと協力して月面に恒久基地を開発しようとしている。

アメリカや他の欧米諸国は、このシステムに参加する機会が何度もあったにもかかわらず、逆に、これを自らの覇権に対する世界的な脅威として、攻撃の標的にしてきたのである。古い時代遅れの一九七一年の新世界秩序の脚本を手放そうとしない欧米のユートピアンたちの論理によれば、中国の新シルクロードは何としても破壊しなければならないプロジェクトだ。古いグローバル化のパラダイムがヒンデンブルグ（一九三七年五月六日に米ニュージャージー州レイクハースト上空で大爆発を起こしたドイツの誇る巨大飛行船）よりも速く崩れ落ちる中で、それが新世界システムの基礎になることがよく理解されているからだ。

注

［1］ウィリアム・エングダールが1992 Century of Oil（一九九二年『石油の世紀』）で示したように、当時の国務長官ヘンリー・キッシンジャーは、この危機をゼロから作り上げるのに、大きな役割を果たした。石油を満載した何百ものタンカーをアメリカで荷揚げさせないようにし、キッシンジャーの言いなりの中東の高級石油相数人の援助で四〇〇％の増加を促進させたのだ。近年になって、当時のサウジアラビアの元ＯＰＥＣ担当大臣が、エングダールの研究を裏付けて、次のように述べている。「原油価格の上昇の背後には、一〇〇％アメリカの存在がある。当時、石油会社は本当に困っていて、多額の借金をしていたので、彼らを救うために高い原油価格が必要だった」。

［2］NSSM200（タイトルは、「世界の人口増加の米国の安全保障と海外利益への影響」）は、その目的を「人口抑制のための援助は、米国と戦略的に特別な利害関係のある最大かつ最も成長の速い発展途上国に重点を置くべきである」と概説している。

［3］*China's Four Modernazations The New Technological Revolution* Edited By Richard Baum, December 7. 2020, by Routledge

［4］'Energy Innovation in China and the 863 Technology Program', Brian Sergi, *Innovation Systems*, April 20, 2011

［5］'National Basic Research Program of China（973 Program）', outline published on the *Chinese Consulate of NY website*, March 5, 2016

［6］1997 The Eurasian Landbridgeと題するセミナー。FDR-Pac Policy Caucus主催の*New Silk Road* *as Locomotive for Worldwide Economic Development* は、こちら（https://youtu.be/HFgYPZeUKjc）から閲覧可能。

［7］'Asian leaders expose George Soros's Crimes', Michael O. and Gail G. Billington、EIR、vol. 24、no. 33 1997

［8］'China's Crackdown on Corruption and Government Spending': *A Timeline*', by Christina Nelson, *China Business Review*, January 23, 2014

［9］'Promote People-to-People Freindship and Create a Better Future', September 6, 2013

［10］'China-Africa Dooperation: Strengthen Infrastructure for more Convienient Lives', *CGTN*、September 2, 2018

［11］'Inside the World Uyghur Congress: The US-backed right-wing regime-change network seeking the 'fall of China', by Ajit Singh, Greyzone, March 5、2020

［12］'Eight African Belt And Road Initiative Projects That Global Investors Should Be Aware Of', by Chris Devonshire-Ellis, *Silk Road Briefing*, Nov. 20, 2020

［13］'Why China's "Debtbook Diplomacy" is a Hoax', by Hussein Askary and Jason Ross, *Schiller Institute*, August 30, 2018

［14］'In a first, China knocks U.S. from top spot in global patent race, by Stephanie Nebehay', *Reuters*, April 7, 2020

［15］'China's Helium-3 Program: A Global Game-Changer', by Jeremy Beck, *Space Safety Magazine*, March 19, 2016

第五章
台湾＝「太平洋のウクライナ」

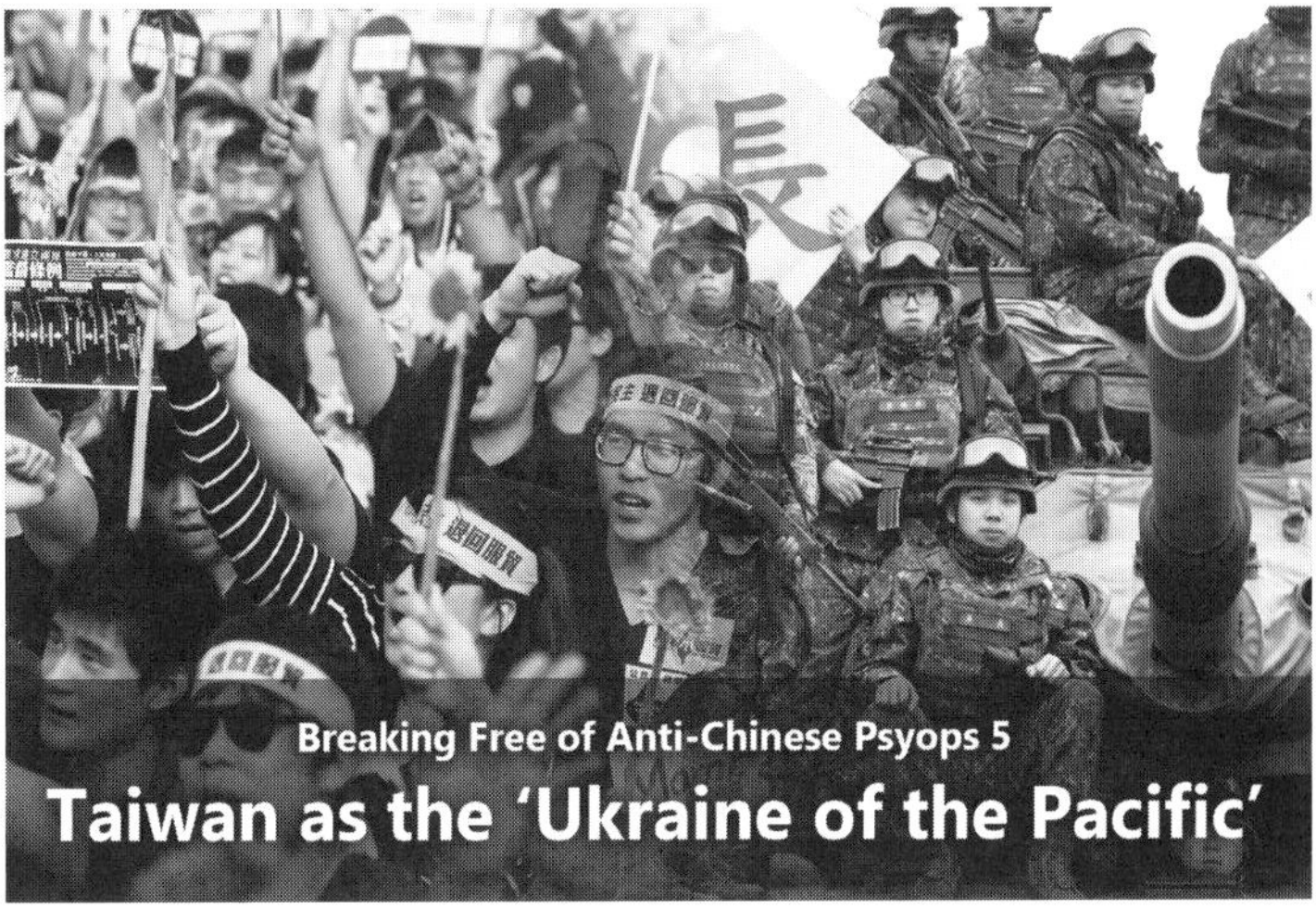
Breaking Free of Anti-Chinese Psyops 5
Taiwan as the 'Ukraine of the Pacific'

欧米メディアや地政学シンクタンク群は、今日のロシアと中国の同盟を「一時の利便性」の問題、あるいは世界帝国を志向する二つの対立する権威主義政権のパートナーシップとして描くことが当たり前になっている。

しかし、「専門家」というフィルターを通して現実を解釈することなく、事実をそのまま見るならば、地政学のオピニオン・リーダーが描くシニカル《冷笑的》な評価は、人の生涯を、その人の死体しか見えないレンズを通して分析しようとしているに過ぎないことが極めて明白である。このような分析家は必ずしも真実に関心がないわけではないが（関心がない人も少なからずいるが）、根本にある原理のせいで、過去、現在、未来のいずれにおいても、非ホッブズ的（非権威主義的）なシステムが存在することに気づかないのである。だから彼らは、ロシアと中国の同盟の本質を理解することができず、ユーラシア大陸の大国のどちらかを破壊しようとする非対称戦争は、到底無理なことだということを理解することもできないのである。

このような知的盲点が、オルタナティブ・メディア・コミュニティに属する多くの知的専門家の間にもあるため、この機会に、ロシアと中国を破壊するために展開されてきた複数の作戦に共通した主要な特徴について述べることにする。まず、カラー革命の戦術から始めて、「グラディオの背後霊」、軍事包囲網、生物戦、そして最後に「第五列（スパイ）」

の活用について見ていくことにする。

カラー革命の戦術

過去数十年間、ロシアと中国は、「民主化推進／反腐敗」組織を利用して自国政府を切り刻み不安定にしようとする欧米情報機関の執拗な攻撃と戦ってきた。そして欧米は、ユーゴスラビアの悲劇のような両国のバルカン半島化には、幸いにも失敗してきた。

地政学の権威、故ズビグニュー・ブレジンスキーは、一九九七年の著書*Grand Chessboard- American Primacy And Its Geostrategic Imperatives*（『ブレジンスキーの世界はこう動く　21世紀の地政戦略ゲーム』）で、分割されたロシアについての彼のビジョンを熱く語っている。

「ヨーロッパ・ロシア、シベリア共和国、極東共和国からなる緩やかな連合体のロシアは、ヨーロッパ、中央アジアの新国家、東アジアとより緊密な経済関係を築く

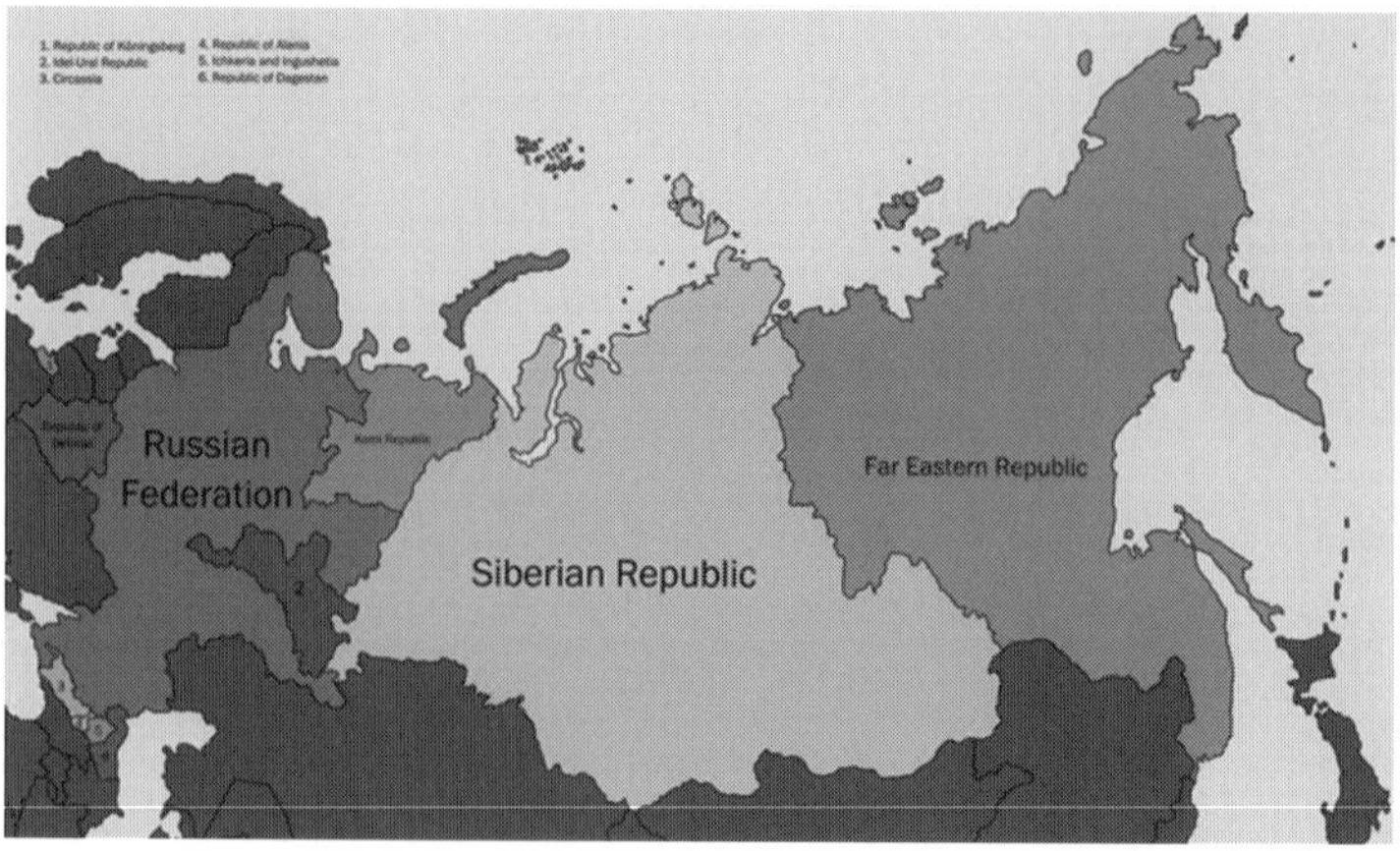

ズビグニュー・ブレジンスキーと彼のネオコンの同志が望む、欧米の布告によるバルカン半島化したロシア

ことが容易になり、それによってロシア自身の発展が加速されるだろう。」

ここ数年、中国では欧米諸国からの資金提供を受けた運動が起こり、中国を「東トルキスタン、チベット自由国、広東、満州」の五つあるいはそれ以上の民族国家的な小国家に分割することを、公然と要求する者が出現している。

中国政府からパージされた大富豪のディープ・ステート工作員である郭文貴《グォ・ウェングイ》（別名マイルズ・グォ）は、現在ニューヨークから作戦指導を行なっているが、「新中国連邦国（The New Federal State of China）」[1]という国際反乱組織を設立するに至っている。郭の妄想の中では間違いなくいつか実現するはずの、共産党支配が崩壊した後の中国のために、ピカピカの新しい旗、憲法、それに陳腐な国歌までである。二〇一五年に逮捕を免れた後、郭はすぐにスティーブ・バノン（Steve Bannon）と提携し、彼のウォー・ルーム（War Room）放送に出資し、いくつかのメディア・プラットフォームや財団を共同設立した。この二人はニューヨーク港にある郭の二八〇〇万ドルのヨット上で、新中国連邦国の誕生を発表した。

マイルズ・グォは中国の典型的な地方オリガルヒの一人で、二〇一四年にゼニス・エンタープライズ社と北京のモルガン・インベストメント（中国国内のJ・P・モルガンの出先機関）を率いて一〇億ドル超に達する財産を築いた。

郭は、一九九〇年代のソ連崩壊後に自由化を進めたロシアで、シティ・オブ・ロンドンとウォール街の指図に従って実施された国営企業の大規模な民営化で棚ぼた式に大儲けしたロシアのオリガルヒと同じやり方で、財産を築いたのである。郭は、ソロスの手先である趙紫陽（元首相、一九八七年から八九年まで中国共産党のトップ。第九章参照）の保護のもとに台頭した、若い反社会的人格障害者（ソシオパス）の一人であった。一九八九年、天安門事件でクーデターを企てた趙が政権から外され、ソロスが生涯追放になったとき、郭は趙の数百人の手先の一人として逮捕され、一九九〇年代前半に二年近く獄中で過ごした。釈放後、郭はすぐに自分の帝国を再建するために、あらゆる汚い手を使って仕事を始めた。

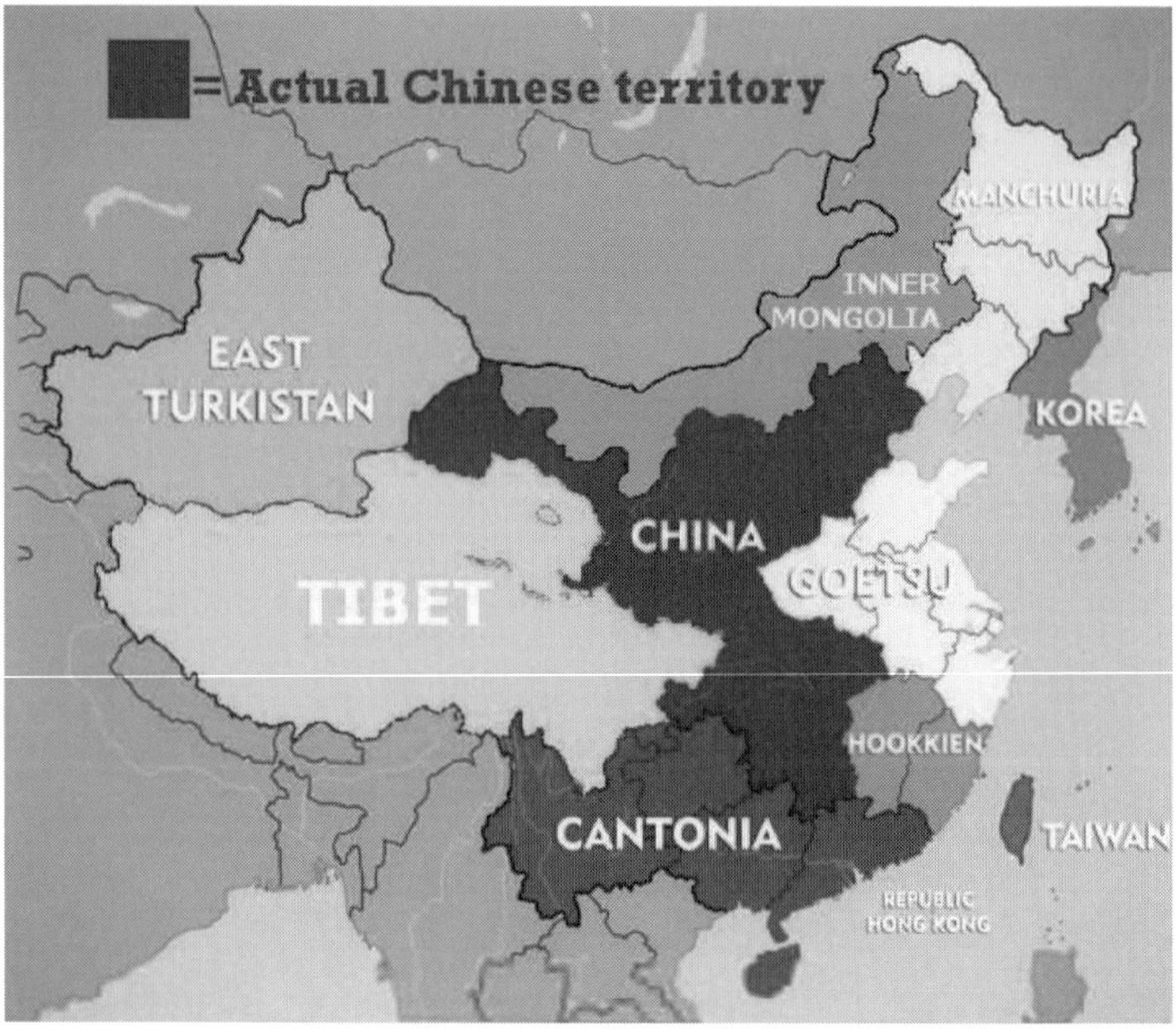

二〇一四年、郭は収賄、恐喝、脅迫、強姦など数十件の罪に問われ、彼の運も尽き果てた。主要な仲間が刑務所に入る一方で、郭は逮捕を免れ、米国に逃げ場を見つけ、それ以来、非対称戦争作戦のために働かされるようになった。

二〇二一年一月、バノンと郭の二つのシンクタンク、「ザ・ルール・オブ・ラー・ソサエティ」（The Rule of Law Society）と「ルール・オブ・ラー・ファウンデーション」（Rule of Law Foundation）が提供した資金を得た、香港を拠点とする研究者、李孟晩博士が、Covid-19を世界に放ったのは中国の機関であると

マイルズ・グォ：根絶された中国のディープ・ステートのハンド

した報告書を作成した。

　郭の親しい友人には、トニー・ブレア英元首相（郭が二〇一五年にニューヨークで初めて六〇〇〇万ドルのマンションを購入する際に推薦状を書いた）や、郭の新中国連邦国の主要な支援者でもあるJ・P・モルガン王朝の相続人コニー・モルガンがいる。

　ロシアと中国の指導者は、「カラー革命」戦術が米国の非対称戦争のやり方だと明確に認識しており、両国は、欧米が資金提供するさまざまな分野のNGOを禁止する（あるいは、領土内での活動を求めるなら、「外国のエージェント」としての登録をさせる）に至った。カラー革命の資金源であるジョージ・ソロスは一九八九年に中国から追放されたが、ロシアはエコノミック・ヒットマンであるオープン・ソサエティ事業を禁止するための力と自信を持つのに手間取り、二〇一五年にようやくそれが実現したのである。

スティーブ・バノンについて

ここで、郭の側近で、献身的な反中国冷戦主義者のスティーブ・バノンが果たした役割について、少し検討してみよう。彼は二〇一七年八月にトランプ大統領から正当にも解任された人物である。**バノンは、ネオコンの「文明の衝突」教義を復活させながら、アメリカやヨーロッパの右派のトランプ支持者を新たな反中国統一戦線に結集させようとする危険な人物であった。**

バノンがこの攻撃を実行するために早くから選んだ主要なプラットフォームのひとつが、彼が二〇一九年三月に情報工作員、獰猛なネオコン、ペテン師のグループとともに設立したシンクタンク「現在の危険——中国に関する委員会[2]」である。中国の「一帯一路」を、アメリカを破滅させ世界を奴隷にする新たな帝国と位置づけ、次のように述べている。

「かつてのソビエト連邦と同様に、共産主義の中国は、米国と自由の理念に対する実存的かつイデオロギー的な脅威であり、この脅威を打ち破るために必要な政策と優先順位に関する新たな米国のコンセンサスが必要である。」

バノンはまた、CIA資金提供による反北京のカルト教団である法輪功とこれまで以上に緊密な協力関係にある。法輪功は一九九九年から中国での活動を禁止されており、北京が後援する臓器狩りや宗教的マイノリティの殺害の証拠があると主張して、反中国のプロパガンダ兵器としてCIAに利用されている。自らを瞑想する集団としてアピールしているが、リーダーの李洪志はアメリカに拠点を置き、自分には世界を破壊する悪の力を抑える魔法の力があるという考えを広めている［付録一参照］。

バノンは法輪功と様々なプロジェクトで密接に連携しており、法輪功が運営する多言語メディアエポック・タイムズ（大紀元時報）紙をプロモートし、『Claws of the Red Dragon（レッドドラゴンの爪）』という法輪功が出資した映画を制作している。**つまりバノンは、彼の左翼側の鏡像ジョージ・ソロスと同じ船に乗っていることになる。ソロスもオープン・ソサエティ財団のフリーダムハウスを通じて法輪功を支援しているのだ。**[3] バノンという一人の人間の中にある、反トランプ的ソシオパス（＝ソロス）と親トランプ的ソシオパスの、このような同盟から生じる矛盾を理解するには、この反人間的ゲームをボトムアッ

汎ヨーロッパ運動は、オーストリア学派のモン・ペレグリン協会の「リベラル革命家」と奇妙なつながりをもっていた。上段　リヒャルト・クーデンホーフ＝カレルギと一九二三年のマニフェスト、オットー・フォン・ハプスブルク大公、下段　ナチの地政学者カール・ハウスホーファー、ムッソリーニ、ヒャルマー・シャハト、ウォルター・リップマン、銀行家マックス・ヴァールブルク

プではなくトップダウンで見なければならない。

ここで、偽りの「左対右」のゲームの本質について、その全体像を掴むためには、バノンが率いるシティ・オブ・ロンドンのシンクタンク、ディグニタティス・ヒューマナエ研究所（Dignitatis Humanae Institute）と、ジャーナリストのスタン・エズロルが最近強烈な暴露記事で明らかにした、緊密に絡み合う他の五人の人物について説明する必要があるだろう。

エズロルは、カトリック団体に所属する、バノンの共同パトロンを以下の四人すなわち、「**オットー・フォン・ハプスブルク大公**（神聖ローマ帝国オーストリア・ハンガリー帝国解体時の皇位継承者）、**カルロ・ディ・ボルボーネ＝ドゥエ・シチリエ**（ヨーロッパ貴族の反ルネッサンス派の代表的人物）、LVO（ロイヤル・ヴィクトリア勲章）の受賞者である陸軍元帥ガスリー卿、OBE（大英帝国勲章）、**マシュー・フェスティング神父**」だと述べている。

ディグニタティス・ヒューマナエ研究所の元会長で会員である人物には、イギリス王室の**ニコラス・ウィンザー卿**がいる

オットー・フォン・ハプスブルクのネットワークを中心としたヨーロッパ暗黒貴族（ブラック・ノビリティ）の内部組織とのコネクションを見れば、二〇世紀の多くの時代を形作った**国際ファシズム**の原動力の中枢を窺い知ることができる。汎ヨーロッパ運動を四〇年以上にわたって主導してきたのはオットー・ハプスブルクであり、この運動はハプスブルクの師であるリヒャルト・クーデンホーフ＝カレルギ伯爵が一九二二年から創設し主導してきたものだ。

クーデンホーフ＝カレルギ伯爵の「**汎ヨーロッパ**」**運動**には、**ベニート・ムッソリーニ**、**ウィンストン・チャーチル**、**ウォルター・リップマン**、ナチス・ドイツの経済大臣**ヒャル**

マー・シャハト、ナチス・ドイツの地政学者カール・ハウスホーファーなどが熱烈に賛同し、銀行家のマックス・ヴァールブルクやルイ・ド・ロートシルト（ロスチャイルド）が公然と組織の資金援助をしていた。

一九三二年、カレルギは、汎ヨーロッパ的な一致団結した努力によってボルシェビキのアナーキズムを鎮圧した後に出現する、偉大な新秩序を祝う演説で、次のように述べた。

「この永遠の戦争は、世界共和国の建設によってのみ終結させることができる。（中略）平和を守るために残された唯一の方法は、優れた軍隊の力によって西洋で、最も長く平和の期間を過ごすことに成功したローマ帝国を手本にした、平和的な力の政治であるようだ。」

汎ヨーロッパ運動はボルシェビズムの拡散に反対する「保守カトリック」に根ざした思想として創られたものだが（ボルシェビズム自体は、一九世紀から二〇世紀初頭にかけて情報機関によって管理されていた）、イエズス会で訓練を受けたバノンが自分の戦術をレーニンのそれをモデルにしていると述べ[5]、「二万のショック部隊による政府の乗っ取り」を呼びかけているのは皮肉でも何でもないだろう[6]。

グラディオ型「残党」による国境警備

非対称戦争の手段に、カラー革命の戦術だけでなく、挑発工作員と過激派のネットワークがあり、彼らのうちの多くは、第二次世界大戦中の戦争犯罪者であるにもかかわらず、その凶悪な戦争犯罪に対する処罰を免除された者たちをルーツに持つ。

第二次世界大戦後、NATOの指揮下で欧米情報機関に組み込まれたファシストの第二世代、第三世代の残党は、現代において最も不快で危険な秘密の一つとなっている。[7]

第二次世界大戦以降、英米情報機関によって注意深く育てられ、ナチス協力者を「偉大な英雄」として賛美し続ける武装イデオロギー集団が存在する。彼らは冷戦時代にも、ネオナチの大隊が、ロシアに対する聖戦に強迫的に駆り立てられるバンデーラ崇拝者たちの時代の今日のウクライナにおいても、第二次世界大戦中の彼らの精神的祖先と同じように大きな役割を担っているのだ。[8]

この問題は東欧に限ったことではなく、中国の裏庭にも存在する。アメリカの軍事的植民地である日本は、第二次世界大戦のファシスト戦犯を英雄視するという強い伝統を未だに維持している[9]（中国にとっては不愉快なことだ）。

米軍産複合体の「フルスペクトラム・ドミナンス」のロシア・中国包囲網

日本の国会の議席の三〇%を占める議員たちは日本会議という政治団体を後ろ盾としており、彼らは、第二次世界大戦中に「東アジアの多くを解放した日本は賞賛されるべきである」と公然と主張している。

日本にはユーラシア大陸の隣国との平和的共存を求める多くの反ファシズム的勢力があるにもかかわらず、日本会議は、第二次世界大戦中に日本が中国人に対して行った残虐行為を否定し、日本はヒトラーと協力することによって正義の側に立った、というテーゼを維持しようとさえしている。日本はまた、二〇二二年二月一九日にミュンヘンでゼレンスキーがウクライナのために米国の核兵器を要求した一週間後に、安倍晋三元首相が、中国から日本を守るためという理由で、同じ要求を公言したことからも、アメリカの植民地（現在五万人以上の米軍を受け入れている）であることがわかるのを覚えておこう。

全領域支配（Full Spectrum Dominance）　大西洋、北極圏と太平洋

二〇年以上にわたって「全領域支配」が自国の周囲を取り囲むのを見てきたロシアと同様に、中国もまた、「クワッド（the Quad）」と呼ばれる「太平洋のＮＡＴＯ」が自国の裏庭に作られていく過程を見てきた。

この有害な構想は、大西洋評議会（the Atlantic Council）や米外交問題評議会（ＣＦＲ）といったＮＡＴＯと連携するシンクタンクによって長年推進されてきた。これは、オバマ大統領の二〇一二年の「アジア・ピボット」戦略に直接起因するものであり、トライデント潜水艦発射弾道ミサイルシステム、挑発的な「航行の自由」演習、軍事基地、太平洋地域における中国に敵対する米国傀儡政府の押し付けなど、幅広く展開された。

このプログラムのＡＢＭ（弾道弾迎撃ミサイル）的側面（専門家は「防衛」から「攻撃」に容易に転換できると考えている）は、現在二万八千人以上の米軍を受け入れている韓国にすでに配備されているＴＨＡＡＤミサイルシステムに反映されている。名目上は、「北朝鮮の脅威」を阻止するため、とその存在を正当化しているが、現実にはこのシステムは常に中国に向けられてきた。

七、六二〇億ドルの国防権限法＝超党派のほぼ全面的な支持を得た二〇二二年の国防権限法について、アナリストのマイケル・クレアは次のように指摘している。[10]

「両党の圧倒的な支持を得て可決された二〇二二年の巨大な国防法案では、米軍基地、軍隊、そして軍備増強するパートナー諸国による、窒息させるような包囲網で中国を囲い込むための詳細な青写真が示されている。その目的は、将来的な危機に際して、米軍によるバリケードによって中国の軍隊を自国領土内に封じ込め、その経済を麻痺させることである。中国の指導者たちにとって、このような形で包囲されることは受け入れ難いことであり、黙っているわけにはいかず、封じ込め状態からの脱出のための戦いをする以外にない。」

太平洋のウクライナとしての台湾

明らかに、この混乱全体の中で、台湾（一九四九年以来英米に玩具《おもちゃ》にされている）は現在「太平洋のウクライナ」のように振る舞っている。政府のあらゆる部分に潜り込んで暗躍する数多くの有力なエージェントたちが、中国の自治州（台湾）を、米軍の力で「邪悪な共産主義者」である中国本土から防衛することを公然と呼びかけている。

バイデン自身は、台湾がいつ侵略を受けたとしても「アメリカの支援を期待してよい」と約束している。この言葉を裏打ちするように、二〇二一年八月には榴弾砲を提供する七億五〇〇〇万ドルの契約、二〇二二年二月八日にはパトリオット・ミサイルシステムを供給しアップグレードする一億ドルの契約、さらに四月六日には九五〇〇万ドルのミサイル契約と、台湾に対する軍事的支援は続いている。この三つの契約のうち、二番目の契約が締結されたとき、台湾外務省関係者は、まるでゼレンスキーを凌ぐような口振りでこう言った。

「中国の継続的な軍拡と挑発的な行動に直面し、我が国は堅固な防衛で国家安全を維持し、台湾と米国の緊密な安全保障パートナーシップを引き続き深めていく。」

台湾を太平洋のウクライナにしようとする米国の取り組みの大幅な拡大（昨年、米国在台湾協会の敷地内の軍関係者が倍増したことを含む）に対する中国の懸念は、非常に現実的なものである。[11]

二一世紀の生物戦

さらに、二〇〇〇年九月のアメリカ新世紀プロジェクト（ＰＮＡＣ）のマニフェスト「米国防衛の再構築」で概要が示されたように、特定の民族をターゲットにするという特徴を持ったペンタゴンの生物兵器インフラという深刻な問題がある。この身の毛もよだつようなネオコン・マニフェストの中で執筆者たちは、二一世紀には「戦闘はおそらく新しい次元で行われる。宇宙で、サイバー・スペースで、そして微生物の世界で。（中略）特定の遺伝子型を『狙い撃ち』することができる高度な生物兵器は、生物兵器をテロの領域から政治的に有用な道具に変えるかもしれない。」

今日、国防総省が運営する三二〇以上の生物兵器実験所《バイオラボ》が世界中に戦略的に散在しており、韓国には「ジュピター」と「ケンタウルス」と名付けられた非常に活発なプログラムがある。[12] オバマ大統領が二〇一〇年に「生物学的選択病原体（biological select agents）と毒素を利用する強固で生産的な科学的事業は国家安全保障に不可欠である」とする大統領令によってプログラムを開始してから、「ケンタウルス」プログラムは多くの中国人と韓国人に重大な懸念を抱かせるようになった。

プログラムを企画したチームは、オバマが大統領への野心を持ちながらも、まだソロスによるコントロール下での上院議員だった頃、ジョージア州に広大な生物兵器実験所のインフラを確立したオバマとルーガーの提携をもたらしたのと同じチームである。

米国が運営する生物兵器実験所では、ボツリヌス菌、リシン、ブドウ球菌、炭疽菌、ペストなど、世界で最も致命的な毒素の研究が行われてきた。 二〇一五年、米軍はソウルの南七〇キロメートルにあるオラン基地の米生物兵器実験所に、生きた炭疽菌のサンプルをフェデックスで違法に輸送したことが発覚し、韓国中の市民が抗議したが、その後アメリカが政策を変更したという証拠はない。[13]

フィニアン・カニンガムが最近、戦略文化財団（Strategic Culture Foundation）で行った、アメリカの生物兵器複合体の起源に関する研究では、アメリカの軍産複合体が、中国で大量虐殺を行った石井四郎率いる「七三一部隊」を吸収したことに着目、日本の汚れた過去に再びスポットライトを当てている。カニンガムはこう書いている。[14]

「石井の七三一部隊は、中国湖南省と浙江省の都市に飛行機で上空から病原体を投下し、生物兵器の使用によって戦時中に最大五〇万人の死者を出したと推定される。この部隊はまた、病気の感染とワクチンに関する研究のために、中国やロシアの捕虜に対して極悪非道な強制的実験も行っていた。受刑者は病原菌に感染し、恐ろしい苦痛を伴う死に追いやられた。（中略）石井四郎とその犯罪組織は、ソ連の真剣な要求にもかかわらず、戦後は裁判にかけられることはなかった。その代わり、日本本土を占領したアメリカは、生物・化学兵器実験への独占的なアクセスと引き換えに、石井とその医師団に訴追免除を与えたのである。国防総省はメリーランド州のフォートデトリックから専門家を派遣し、日本のデータの宝庫の調査を命じた。」

話はこれで終わらない。

ロシアと中国内の第五列（スパイ）

中ロ両国の指導者たちは、ロシアのアナトリー・チュベイス[15]やWEF（世界経済フォーラム）の理事であるジャック・マー（およびその他多くの上海閥に属するテクノクラートや億万長者）のような世界経済フォーラムの第五列（スパイ）と、中国内外で何年も争ってきた。国際金融の中心地である上海を経由して中国国内に影響を及ぼしている外国の影響力について、エマヌエル・パストリッチ（Emanuel Pastreich）は、*Shanghai Lockdown Who's Behind It?*（『上海ロックダウン——背後にいるのは誰？[16]』で、次のように書いている。

「上海はグローバルな金融利権にまみれている。主要な多国籍投資銀行や多国籍企業の本社（あるいは主要な支店）がある。中国経済への影響も計り知れない。上海は、グローバル資本の中心地として一〇〇年以上の歴史を持ち、上海以外の中国全体に対して寄生的な関係にある。一九四〇年代まで帝国列強の市民に治外法権を与えていたのは、上海だった。」

幸いなことに、中国の深奥国家《ディープ・ステート》の最悪の要素の多くは、ソロスを追放して以後、一九八九年に始まり、一九九七年、そして二〇一二年に行われた最大で強力なパージによって、徐々に取り除かれ、現在に至っている。

習近平の汚職取り締まりによって粛清された大物の工作員には、（数人を挙げるのみにとどめるが）馬建《マジアン》（Ma Jian）（元国家安全部副部長）、張岳《ザンユエ》（Zhang Yue）（元河北省法務秘書）、伯自来《ボジライ》（Bo Zilai）（元全清共産党書記）、徐才厚《シュウチャイホウ》（Xu Caihou）（国家中央軍事委員会）、大富豪ポニー・マーなどが含まれる。

このような売国勢力と、人口削減や文化的退化によるグローバル規模での民衆の奴隷化政策に、宗教的とも言える執念を燃やす勢力に対抗して国民国家のサバイバルに死力を尽くす中ロ両国の真の愛国者との間には、衝突が起きているのは明白だ。

単なるサバイバルを超えて

ロシアと中国の生存と協力へのコミットメントは、ＥＡＥＵ（Eurasian Economic Union＝ユーラシア経済連合）とＢＲＩ（Berl and Road Initiative＝一帯一路構想）のさらなる統合、成長するＳＣＯ（Shanghai Cooperation Organization＝上海協力機構）の下での軍事情報の調整、多極体制のより広範な国際的統合を求めた二〇二二年二月四日の『新時代に向けた協力のための共同声明[17]』で示されたように、実利的な関心事をはるかに超えたものだ。

数多くある重要なポイントの中でも最も重要なのは、次の声明文である。

「（中ロ）双方は、ユーラシア経済連合（ＥＡＥＵ）と中国の様々な分野における実務的な協力を強化し、アジア太平洋地域とユーラシア地域の相互接続をより促進するために、ＥＡＥＵの発展計画と一帯一路構想の連携作業を進めることを追求している。

双方は、ユーラシア大陸の人々の利益のために、地域連合の発展や二国間・多国間統合プロセスを促進する目的だ、一帯一路建設と並行して、大ユーラシア・パートナーシップを構築することに重点を置くことを再確認した。」

欧米諸国が目を覚まし、米国による一極型の帝国統治モデルの完全な失敗を認識するための扉はまだ開かれている。しかし、彼らが謙虚な姿勢を取り戻し道徳的に行動する余地

が残されているかどうかは、不明だ。

注

［1］'What is The New Federal State of China?' by The Thinking Conservative -June 22, 2020

［2］https://presentdangerchina.org/

［3］Mark Palmer, Director of Freedom House: It is Admirable that Falun Gong is Intercepting TV Signals in China, Clear Harmony (European Falun Dafa) Oct. 9, 2003

［4］'Falun Gong: Neocons' Cult Weapon Against China and Trump', by Stan Ezrol, *EIR*, 2019

［5］'Bannon says he's a Leninist: that could explain the White House's new tactics' by Victor Sebestyen, *The Guardian*, Feb. 6, 2017

［6］'"Fire and brimstone": Liberals alarmed as Steve Bannon calls for 'shock troops' from GOP for 'sweeping' victory in 2024', *Russia Today*, Oct. 3, 2021

［7］'Operation Gladio: How NATO Conducted a Secret War Against European Citizens and Their Democratically Elected Governments', by Cynthia Chung, *Strategic Culture*, April 14, 2022

［8］'How the Ukrainian Nationalist Movement Post-WWII was Bought and Paid for by the CIA', by Cynthia Chung *Strategic Culture*, April 4, 2022

［9］'Japan Returns to Fascism', by Josh Gelernter, *National Review*, July 16, 2016

［10］'Michael Klare, Welcome to the New Cold War in Asia', by Tom Dispatch, Jan 13, 2022

［11］'US Nearly Doubled Military Personnel Stationed in Taiwan This Year', by Erin Hale, *VOA News*, Dec. 2, 2021

［12］*South Korea gripped with fear over US bioweapons labs Xinhua*, 2022-4-13

[13] ‘Live anthrax shipped across states, to S. Korea by accident Pentagon’, *Russia Today*, May 27, 2015
[14] ‘Pentagon’s Biological Warfare Built on War Crimes of Fascist Japan and Nazi Germany’, by Finian Cunningham, *Strategic Culture*, April 24, 2022
[15] ‘As New Purge of Fifth Columnists Approaches: Anatoly Chubais Jumps Ship’, by Matthew Ehret *Strategic Culture*, March 25, 2022
[16] ‘Shanghai Covid Lockdown - who is behind it?’ by Emmanuel Pastriche, *Canadian Patriot Review*, Apr. 2022
[17] 共同声明の全文は以下のサイト：http://en.kremlin.ru/supplement/5770

第六章
真のグローバル・アジェンダは、「対中戦争」の推進

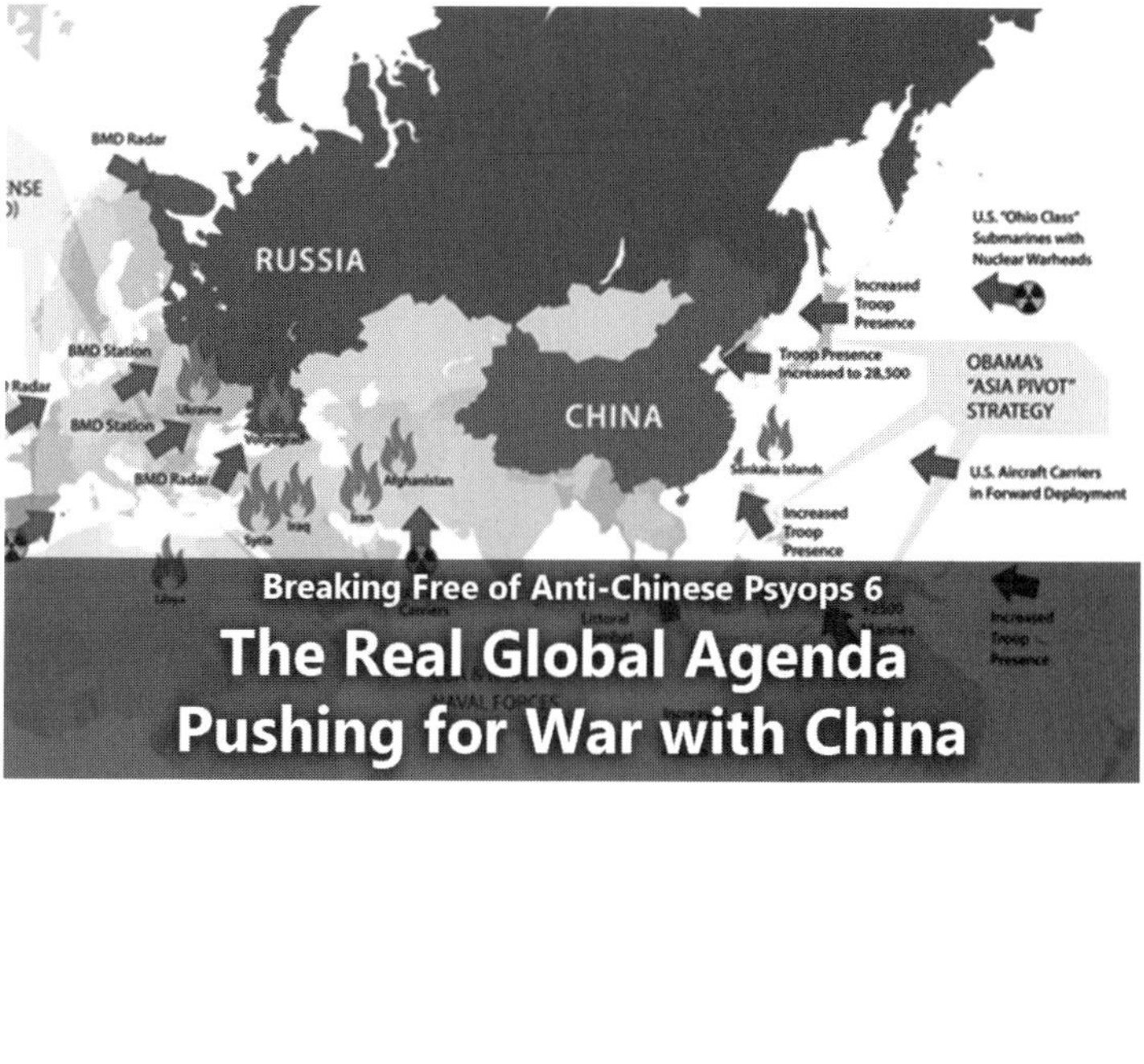

「われわれに永遠の同盟国はなく、永遠の敵もない。我々の利益は永遠かつ永続的であり、その利益に従うことが我々の義務である。」

――ヘンリー・ジョン・テンプル、別名パーマストン卿（一八五五～一八五八年、一八五九～一八六五年のイギリス首相）は、イギリス外相として第一次アヘン戦争（一八三九～一八四二年）、イギリス首相として第二次アヘン戦争（一八五六～一八六〇年）と言う体中国の戦争を指揮した。

雪が黒くなった

バートランド・ラッセルは、一九五二年の著書『科学は社会を震撼した』（一九五六年、角川新書）の中で、「政治的に最も重要なテーマは大衆心理」、つまり個人が「現実」や「真実」をどのようなレンズで見るかということだ、と論じた。ラッセルは、このような「信念」は、個人自身が生み出すのではなく、国家によって形成されるべきものである、と明言している。

個人は絶対的な真実や現実について考えることは奨励されず、もっと小さなスケールで、個々の「事実」について考えることを奨励される。この方が、思考のコントロールや形成がはるかに容易であり、目的や意図について熟考するような、「問題ある」思考も制限されるからである。

ラッセルは『科学は社会を震撼した』の中で、雪は白ではなく黒であると考えるように社会をプログラムする方法について、次のように語っている。

「第一に、家庭の影響は邪魔であるということ。第二に、一〇歳までに教え込まない限り、大した成果は得られない。第三に、音楽に合わせた詩を繰り返し唱えることは非常に効果的である。第四に、雪は白いという意見を持つことは、奇異なものに対する病的な嗜好を示すものなのだとされなければならない。しかし、これらの極意を確かなものにし、子供たちに雪は黒いと思わせることに一人当たりいくらかかり、濃い灰色だと思わせることにはいくらしかかからないか、それを正確に明らかにするのは、未来の科学者たちである。」

これは、「現実」を最も効果的に「リフレーミング《再構成》」（思考の枠組みを変更すること）するためのプログラムである。他の種類の「リフレーミング」については一〇歳以前に始める必要がないことは、今日見られる欧米の「外交」政策ほど、どの年齢層に対しても非常に成功し効果的であるように見えるものがないことからも明らかだろう。

雪は、私たちが日常的に目にし、体験しているものであり、その見慣れたものを「リフレーム」するのはかなり難しいことだ。しかし「見知らぬ」ものは、何千年もの間、常にかなり曖昧で定義のない概念であった我々の集団的「現実」、我々の集団的「実存的恐怖」を国家が「リフレーム」するのは、より簡単なことだ。

したがって、歴史のほとんどの期間において、誰が「味方」で誰が「敵」であるかということは、国民自身によって決定されることはほとんどなく、統治機構によって決定されてきた。

そのような統治機構は、何が「真実」で何が「虚偽」なのか、何が「事実」で何が「虚構」なのかを、我々に代わって自由に決定することができる。なぜなら、人々は、そのような統治機構からあらゆる虐待や搾取を受けてもなお、恐ろしい「未知のもの」から自分を守り、盾になってくれるものをまさに求めているからだ。

人々は、「正体不明の災よりも、正体のわかっている災の方がマシだ」（Better the Devil

you know）という考え方に慣れている。これから、それが本当にそうなのかどうか、見ていきたいと思う。

「我々の利益こそは永遠にして永久である」

「人を悪の道へ誘うのは、敵や仇ではなく、自分の心である。」

——ブッダ

今日の地政学的状況について、特に中国との戦争推進の背景にあるグローバルなアジェンダとは何かという問いに答える前に、非常に重要な歴史の概要を簡単に紹介しておこう。なぜなら、今日の地政学的状況の形成に重要な役割を果たす事柄だからだ。説明を簡潔にするために、**第一次アヘン戦争**（一八三九〜四二年）から始めよう。

手短に言えば、大英帝国はアダム・スミスの『国富論』を手本に、一八四〇年代には自由貿易体制へと移行した。この新しい貿易制度では、ある製品に需要があれば、その取引に一国の政府が介入する権利はないと考えられた。イギリスは、それまで行っていた保護主義は不適当だと判断し、他の国々は当然、イギリスのために選んだ「新しいルール」に従って行動すべきものとされた。

イギリスは、保護主義を続けることを許された唯一の国であり続けながら、他国には「自由」な貿易を強要したのだ。

中国の場合、最終的にアヘンの取引は中国人によって禁止され、アヘンを密輸した者には厳しい処罰が下されることになった。それにはイギリス商人も含まれていた。大英帝国は、これを自国の「安全保障」と自由貿易に対する直接的な脅威と考えた。こうして、中国が引き下がらなかったために、**第一次アヘン戦争**（一八三九～一八四二年）が起こった。その結果、中国は一八四二年に**南京条約**に強制的に調印させられた。

この条約は「**不平等条約**」の第一号として知られ、香港の領土をイギリスに譲り、イギリス商人は広州での貿易だけでなく、さらに五つの「条約港」で好きな相手と貿易することが許されることになった。

一六〇〇年、エリザベス一世の勅許を得て設立された**東インド会社**（East India Company）は、設立当初から大英帝国と区別がつかず、世界の貿易額の半分を占めるまでに成長した。一八三三年七月、マコーレー卿が下院で行った演説にあるように、東インド会社は当初から、フランスやオランダと同じように貿易と政治の両方に関わっていた。

つまり、**東インド会社は、大英帝国が望む地政学的なチェスゲームを円滑に進めるためのものだった**のだ。貿易契約だけでなく、大英帝国が獲得した植民地領土全体がこの会社に引き渡され、大規模な私設軍隊ともども、すべて王室の命令で管理された。それは、イギリス領インドでのアヘン生産を管理し、香港や東南アジアの他の植民地での取引を促進する自由を与えられたことによく表れている。

中国は南京条約に明記された条件に非協力的であるとみなされ、大英帝国によって一八五六年から六〇年まで続く**第二次アヘン戦争の戦端が開かれた**[1]。

イギリスは（フランスの支援を得て）四年間の戦争の末、中国の防御を打ち破った。文化的にも科学的にも先進的な社会であった古代文明の中国は、イギリスの外交政策とアヘンの自由貿易に全面的に従うことを余儀なくされた。

一八六〇年一〇月一八日、イギリスは円明園《ユアン・ミン・ユアン》（Yuanmingyuan）として知られる夏の宮殿を焼失させたが、フランスは協力を拒否したようだ。建物の破壊には二日間を要した。

戦争に勝利すると、イギリスとフランスの軍隊（と傭兵）は多くの美術品を略奪し、破壊した。その多くは今に至るまで海外に残り、世界四七の博物館[2]に散在している。アヘン戦争で得た戦利品であることを今なお思い起こさせるものだ。多くの人々がこのような美しい芸術作品を眺めることを楽しみながら、それを手に入れるために行われた凄まじい恐怖を忘れてしまうとは、なんとも皮肉なものだ。

イギリスにとって便利で有利な銀行を作る必要があった。大英帝国が新たに獲得した財宝である上海と香港を、大英帝国のインド（アヘンの世界的な主要生産国）とともに、大英帝国の他の地域やヨーロッパと結びつけ、この地域の貿易を促進するのがその目的だ。HSBC（Honkong Shanghai Banking Cooperation＝香港上海銀行）はこの目的のために一八六五年に設立され、現在に至っている。[3]

香港上海銀行は、中国国内での外国貿易をどのような形であれ促進するためだけでなく、さらに、アヘンの貿易をも目的として設立された。HSBCの創設者は、「健全なスコットランドの銀行の指針」に基づいて銀行を運営することを望んだスコットランドの貿易商、ペニンシュラ・アンド・オリエンタル蒸気航法会社のトーマス・サザーランドとされているが、この銀行が当初から大英帝国のために不正な取引を行うために作られたというのは、重要なことである。

中国はこの時代を「**屈辱の世紀**」と呼び、一八三九年から一九四九年までの期間を「**国家屈辱の百年**」とも呼んでいる。

一九四九年に何が起こったのか？

中国人は二二年にわたる内戦（一九二七年八月～一九四九年）を戦った。この内戦は日中戦争（一九三七年～一九四五年）と重なり、中国人は自分たちの生存そのものを懸けて日本のファシストと戦った。日本のファシストは、中国だけでなく、アジアの東部沿岸地域全体を民族浄化しようとしていた。ホーチミンは、ベトナムで日本のファシストとの勇敢な戦いを指揮した。日本のファシストは、アジア・ホロコーストと呼ばれる、おそらく歴史上最も残忍な大虐殺を行ったが、西洋人の多くはそのことをまったく知らない。

最も悪名高いのは、一九三七年一二月一三日から六週間にわたって行われた南京大虐殺である。非常に多くの中国人が虐殺され、残酷なレイプや拷問を受けた（被害者の数については、両国間の認識はいまだに一致を見ていない）。

中国人は英雄的に日本のファシストを撃退し、第二次世界大戦が終わるまで国を維持した。多くのヨーロッパ諸国がナチス・ドイツの侵攻に一週間も持ちこたえられなかったのに対して、中国は内戦を戦いながら、八年間も日本の支配に抵抗していた。この信じられないような英雄的な偉業に対して、中国の人々に十分な敬意が払われていないことは確かである。

一九四九年一〇月一日、毛沢東率いる中国共産党は、蒋介石率いる国民党軍との内戦に勝利し、**毛沢東は中華人民共和国の成立を宣言**した。これは複雑な歴史であり、本稿で満足に論じることはできないが、いくつかのポイントを挙げておこう。

第一部で取り上げた**孫文**は、腐敗した清朝に対する中国の革命に貢献した人物である。彼はまた、ハワイで訓練を受け、アメリカの経済学の信奉者となった。彼はキリスト教徒であったが、儒教徒でもあり、その真の教えに矛盾はないと考えていた。

孫文のリーダーシップにより、中国は一九一一年、清朝に対する革命に勝利した。孫は一九一二年に中華民国の大総統に就任したが、(袁世凱との争いを避けて平和を維持するために)自ら進んで辞任し、袁世凱が臨時大総統に就任した。袁世凱は軍閥であり、利益に貪欲なイギリスの傀儡であった。孫は、もし退陣しなければイギリスが軍事介入してくることを理解していたので、不本意ながら退陣した。中国は革命に勝利したが、依然としてイギリスの支配下に置かれていた。

孫文は馬鹿ではなかったので、状況を明確に理解していた。中国のイギリスとの問題は、アメリカの植民地が約一五〇年前に直面した問題と同じであった。

第一章で見たように孫文は、中国にとって「最も重要な問題」は何か、ということを非常に明確に理解していた。

孫文は「中華民国の父」と呼ばれている。国民党を創設したのは孫文であり、蔣介石は孫文の抜擢で次席になった。中国共産党の後のメンバーの多くは、もともとは国民党のメンバーで、例えば、周恩来（後に平和五原則の制定に尽力し、バンドン会議にも参加した重要人物）もそうであった。

孫文は一九二五年に亡くなり、その二年後に中国は内戦に突入した。孫がもっと長く生きていれば、中国が内戦に陥ることはなかったと、筆者である私たちは確信している。

内戦が始まると、政治家として非常に聡明であった孫文夫人（ロザモンド・スーン・チンリン＝宋慶齢《そうけいれい》は、遅ればせながら中国共産党への支持を表明した。蔣はもはや、かつて孫が中国人民を導くことができる人物ではなくなっていた。蔣と結婚した孫文の義妹宋美齢《そうびれい》もまた、政治的に聡明で、夫を支持し続けた。

孫文の思想と教えを体現している宋慶齢の共産党支持の決断は、あたかも孫文が中国国民に語りかけたかのように受け取られた。

このことが、中国の多くの政党や組織が蔣の国民党よりも共産党の側につくことにつながった。というのも、この時、蔣は外国（英米）の利益と結びついており、中国の運命よりも、自分の権力と影響力を維持することに関心があるとみなされていたからだ。

［宋慶齢は一九四九年以降、中華人民共和国でいくつかの重要な地位に就いた］。

第二次世界大戦中、日本のファシストを倒すことに集中するために、両陣営を統合しようという声が何度も上がったが、その度に蒋は頑に拒否した。蒋は、共産党との内戦に勝つために、日本のファシストを利用しようとしたのだ。また、蒋は日本の全体主義体制を統治モデルとしてとらえ始めているのではないかという疑いもあった。

台湾は、中国本土からわずか一六〇キロメートルしか離れていない島であり、何千年もの歴史がある。一三世紀後半から、中国人は徐々に台湾に接触し、定住するようになった。一七世紀後半には、台湾はますます中国に溶け込み、住民のほとんどが中国人になった（現在も原住民は台湾に住んでいる）。

蒋は内戦に敗れると、当時中国の一部とされ、中国人が多く住んでいた台湾島に引きこもった。蒋は、孫文の教えの唯一の真の代表者であり、中華民国の唯一の真の指導者であると自称し続けたが、孫文夫人は彼の正当性を認めず、中国に住む人々の大多数も認めていなかった。

蒋は、一九四三年から一九七五年に亡くなるまで、実質的に独裁体制で台湾を統治した。

中国のバルカン化と中国国民の絶滅という現実的な脅威に対して、この時期を中国は生き延びただけでなく、驚くべき不屈の精神と勇気をもって反撃した。中国を救った指導者は、中国人の目には当然英雄と映る。そして、このような勇姿を示した中国人の意志と勇気を過小評価するのは愚かなことである。[4]

こうして一九四九年という年は、中国の「屈辱の世紀」の終わりを告げる年となった。

シティ・オブ・ロンドン

「地獄はロンドンによく似た都市だ」

――パーシー・ビッシュ・シェリー

「ウェストミンスター（英国議会）に議席を持つ権力とは別の権力が存在することを、私たちは何度も目の当たりにしてきた。シティ・オブ・ロンドンは、金融関係者の集合体を言い表すのに便利な言葉だが、彼らは政府に反する主張を通すことができるのだ。金を支配する者たちは、国民が決定する政策に反して、国内外で政策を追求することができる。」

――クレメント・アトリーイギリス首相（一九四五～一九五一年）、チャーチルの政敵。

シティ・オブ・ロンドンは八〇〇年以上の歴史があり、四〇〇年以上もの間、世界の金融の中心地である。

スクエアマイル（Square Mile）または単にシティとして知られるシティ・オブ・ロンドンは中世の時代、市会議員を長とする二五の古くからの区に分割されていた。これは現在も続いている。

さらに、シティの自治体であるシティ・オブ・ロンドン・コーポレーション、または単にコーポレーションという不気味な名前の組織が存在した。これも現在まで続いている。[5]

コーポレーションは、その「法的」根拠を示す「現存する」憲章が発見されていないため、具体的に成立年代を特定することはできないが、マグナ・カルタに基づき、今日までその機能を維持している。マグナ・カルタとは、一二一五年にジョン王が同意した権利の憲章で、「シティ・オブ・ロンドンはその古くからの自由を有する／享受する」と記されている。つまり、コーポレーションの法的機能については、これまで疑問視されたり、見直されたり、再評価されたりしたことは一度もなく、むしろ「古くからの自由」に従って法的に機能するように放置されてきたわけで、言ってみれば、非常にグレーなものである。言い換えれば、彼らは自分たちが適切だと考えることを自由に行うことができるのだ。

ではシティ・オブ・ロンドンが「古くからの自由」を守り、世界的な金融パワーを維持しているとすれば、大英帝国は本当に消滅したのだろうか？

一般的なナイーブな考えとは裏腹に、太陽が沈まない帝国は（「神が暗闇では彼らを信用しなかったから」という説もある）決してなくなったわけではない。

第二次世界大戦後、植民地支配は終わりを告げたとされ、大英帝国も終わったと多くの人々が考えた。旧植民地の国々は主権を取り戻し、政府は国民によって樹立され、略奪と略奪のシステムは終わりを告げたということになった。

素晴らしい話だが、これほど真実から遠いものはない。

一九五〇年代、変化する世界の金融情勢に「適応」するため、シティ・オブ・ロンドンは「秘密管轄区域」と呼ばれるものを設けた。これは、イギリスの小さな領土や残骸のように残った植民地で運営されるものであった。イギリスの一四の海外領土のうち、七つが正真正銘のタックスヘイブン、あるいは「秘密管轄区域」である。このオフショア資金の流れを促進するために、ユーロダラー市場という別の国際金融市場も創設された。この市場は、銀行が英米の外にあるため、どちらの国の管轄下にもない。

一九九七年までに、国際融資の九〇%近くがこの市場を通じて行われるようになった。[6]経済学者のジョン・クリステンセンは、法的には誰のものでもないこの資本が、これらのイギリス領内で五〇兆ドルにも及ぶと推計している。これは課税されていないだけでなく、そのかなりの部分が実体経済の分野から盗まれたものだ。

では、このことが「かつて」植民地であった国にどのような影響を与えるのだろうか？ジョン・クリステンセンによると、サハラ以南のアフリカ諸国の対外債務を合計すると、二〇〇八年には一七七〇億ドルであった。しかし、これらの国のエリートが一九七〇年から二〇〇八年の間に海外に移した富は九四四〇億ドルと推計され、対外債務の五倍に相当する。これは単に汚いお金というだけでなく、これらの国々の資源と経済活動から盗まれたお金でもある。

つまり、クリステンセンが言うように、サハラ以南のアフリカは、「世界に対して純債務者であるどころか、オフショア金融に対して純債権者」なのだ。

このように考えると、アフリカのいわゆる「後進性」は、生産能力がないからではなく、むしろこれらの地域が最初に植民地化されて以来、絶え間ない略奪を被ってきたからだ。

アフリカの国々はお金を借りなければならないが、それは貸す方が喜んで高金利で貸与するわけで、結局は返済不可能なレベルの負債を負うことになる。こうして、アフリカ諸国は二度にわたって略奪され、食卓に食べ物を並べることはおろか、将来に投資するためのお金も残されない。

ことはそれだけではない。世界では、キャピタルフライトや脱税によって、途上国が毎年一兆ドルの損失を被っていると推計されている。この富の大半は、オフショア・ヘイブンを通じてイギリスやアメリカに還流し、途上国の通貨が弱くなる一方で、イギリスやアメリカの通貨が強くなることを可能にしている。

しかし、このような略奪システムで苦しんでいるのは、なにも発展途上国だけではない。イギリスやアメリカの経済もまた、根こそぎ略奪されてしまったのだ。一九六〇年代以降、イギリスやアメリカは、自国からの資金流出を補うために、オフショア・ヘイブンを通過する何兆ドルもの資金に国内市場を開放することが良いやり方だと考えた。

しかし、そのような金融機関は、産業や製造業に資金を投入することには興味がない。彼らは、不動産投機、金融投機、外貨取引に資金を投入する。こうして、英米経済の金融化が進み、実体経済から生まれる真の雇用は減少、消滅した。

多くの経済学者がこの見方に異論を唱えようとするが、人々の間では絶望感が沸騰している。西側（＝第一世界）のすべての国が、四〇年前よりもはるかに高い失業率と著しく低い生活水準に苦しむ状況に至っている。貧困の拡大とともに、次のようなことが起こっている。薬物使用の増加、自殺の増加、犯罪の増加。

さて、このような状況を前提として、中国との戦争推進の背景にある今日のグローバルなアジェンダを見ることにしよう。

中国の「一帯一路」構想を大局的に見る

「ＢＲＩ（Belt and Road Initiative＝一帯一路構想）は様々なプロジェクトを支援することを目的としているが、現在までのところ、資金の大半はエネルギー、道路、鉄道、港湾といった従来のインフラに割り当てられている。パキスタン、マレーシア、バングラデシュ、ミャンマー、スリランカなどの途上国が主な対象だが、先進国も含まれ、米国の同盟国も多数参加している。これら米国の同盟国が、電力網、港湾、通信網などの重要なインフラを構築するためにＢＲＩを利用することになれば、米国の有事の計画が複雑になり、同盟国の防衛に乗り出すことが難しくなる可能性がある。」

——外交問題評議会（CFR）内部「独立タスクフォース報告書No.79」

米国の外交政策を大きく左右する外交問題評議会は、数々の報告書で明らかなように、中国と世界中のあらゆる国との経済関係やパートナーシップに対抗することが、米国政府の義務であると考えている。

なお、外交問題評議会は、ロンドンに本部を置く王立国際問題研究所（通称チャタムハウス（Chatham House））の米国支部であることを確認しておこう。また、チャタムハウス自体が、一九一九年のヴェルサイユ会議の際に円卓会議によって創設されたものであることにも注目すべきである[7]。

このように、すべてのアメリカの「同盟国」が中国とパートナーシップを結ぶことに対する抑止力もまた、強く働いているのである。

なぜ中国の国際関係がアメリカの国家安全保障にとって脅威とみなされるのか。これに対する短い答えは、競争であり、少し長い答えは、大英帝国が自由貿易のドクトリンの下で最初に課した、そして今日、英米帝国の利益のために強制されている経済的拘束に対抗して、中国が諸国との同盟を形成しているということである。

二〇一四年、ジョンズ・ホプキンス大学国際高等研究院（SAIS）は、ワシントンDCを拠点とする中国アフリカ研究イニシアチブ（CARI）を立ち上げた。二〇二〇年六月、SAIS―CARIは「中国の特性を生かした債務救済」(Debt Relief with Chinese Characteristics) と題する報告書を発表した。

「二〇一九年一二月、ザンビアのエコノミストは、『中国に対する債務は簡単に再交渉、再編、借り換えができる』とコメントした。これは本当なのだろうか？」という文章で始まるこの報告書から、数行を紹介しよう。

「(中略) この報告書では、中国アフリカ研究イニシアティブ（CARI）のデータを用いて、アフリカにおける中国に対する債務の取り消しと再編に関する証拠を、比較的および歴史的観点から検証する。スリランカ、イラク、ジンバブエ、エチオピア、アンゴラ、コンゴ共和国などの事例から、中国の特徴が際立つ債権救済パターンが指摘されている。ほぼすべてのケースで、中国はゼロ金利融資に対してのみ債権の帳消しをおこなっている。我々の調査では、二〇〇〇年から二〇一九年の間に、中国はアフリカで少なくとも三四億米ドルの債権を帳消しにしたことが判明した。欧米諸国のような「中国株式会社」は存在しない（中略）我々は、中国が二〇〇〇年から二〇一九年の間にアフリカで約一五〇億米ドルの債権を再編成または借り換えしたことを発見した。我々は、「資産の差し押さえ」はなく、仲裁を必要とする契約条項にもかかわらず、支払を強制するために裁判所を利用した証拠も、違約金に対する金利の適用もないことを発見した。」

さらに報告書は以下のように述べている。

「二〇世紀末の債務危機の際、我々は、多くの公的債務者が、中国政府から借りた無利子融資の返済を単に行わないことを目の当たりにした。無利子融資制度は外交的な性質のものであり、中国の対外援助の中核をなすものであったため、融資の返済を強く迫ることは、行われなかった。二〇一九年現在、融資の種類が大幅に増え──その多くは商業融資である──、借り換えはそれほど簡単ではなくなったものの、行われている。相手国が滞納したときに支払いを迫るための北京の主な手段は、現在実施中のプロジェクトに対する支出を停止し（これは完成を遅らせるし、中国の請負業者にも損害を与える）、新規融資を承認しないことである。（中略）（債務救済の全体的な権限を持つ）中国財政部が率いる委員会に、商務部、中国輸出入銀行、国家開発銀行からの代表が加わり、債務解消要求を承認または却下する。『中国政府は、お金がどのように使われたかを見るだろう。彼らはこれを思慮深く検討するだろう。彼らは、経済的にうまくいっているいくつかの国からの申請を拒否するだろう（後略）。』、とある中国政府関係者は筆者の一人に語った。」

SAIS―CARI報告書の結論

「中国のアフリカ向け債務救済は、アフリカの景気後退、回復、好景気の浮き沈みに合わせて、何十年も継続して行われている。（中略）上海国際問題研究院の研究者である周玉艶は、最近の論文で次のように指摘している。『契約に違反した場合のコストは、借り手にとって実際はかなり低い』。北京は自国の国際的な評判や、個々の国との長期的な政治・外交関係に配慮している。さらに、中国の請負業者は、通常、中国の銀行からの払い戻しを受ける前に、プロジェクトを立ち上げるために自己資金を前払いするため、プロジェクトの中断に悩まされる。融資契約には債務不履行の際の仲裁が規定されているが、中国の銀行がこのオプションを利用したことがあるという証拠はなく、仮に自分たちに有利な判決が出たとしても、実際に強制執行が可能であるという証拠もない。また、ペナルティ金利の証拠もない。

（中略）本稿は、ザンビア人エコノミストの言葉の引用から始めた。その引用のフルバージョンは以下のとおり。

『問題なのは三〇億米ドル相当のユーロ債であって、中国の融資ではない。（中略）ユーロ債の場合、支払期日が来れば、うかうかしてはいられない。しかし、中国の借金は簡単に再交渉、リストラ、借り換えができるのだ』。」

ワシントンＤＣに拠点を置く国際政策センター（CIP = Center for International Policy）の「アフリカプログラム」は、アフリカ諸国に対する米国の外交政策を追跡・分析している。興味深いことに、彼らはこう結論付けている。

「債務危機が迫る中、様々な支援団体から債務の帳消しとＩＭＦからの特別引出権（ＳＤＲ）の発行を求める声が高まっている。アフリカのためのアドボカシー・ネ

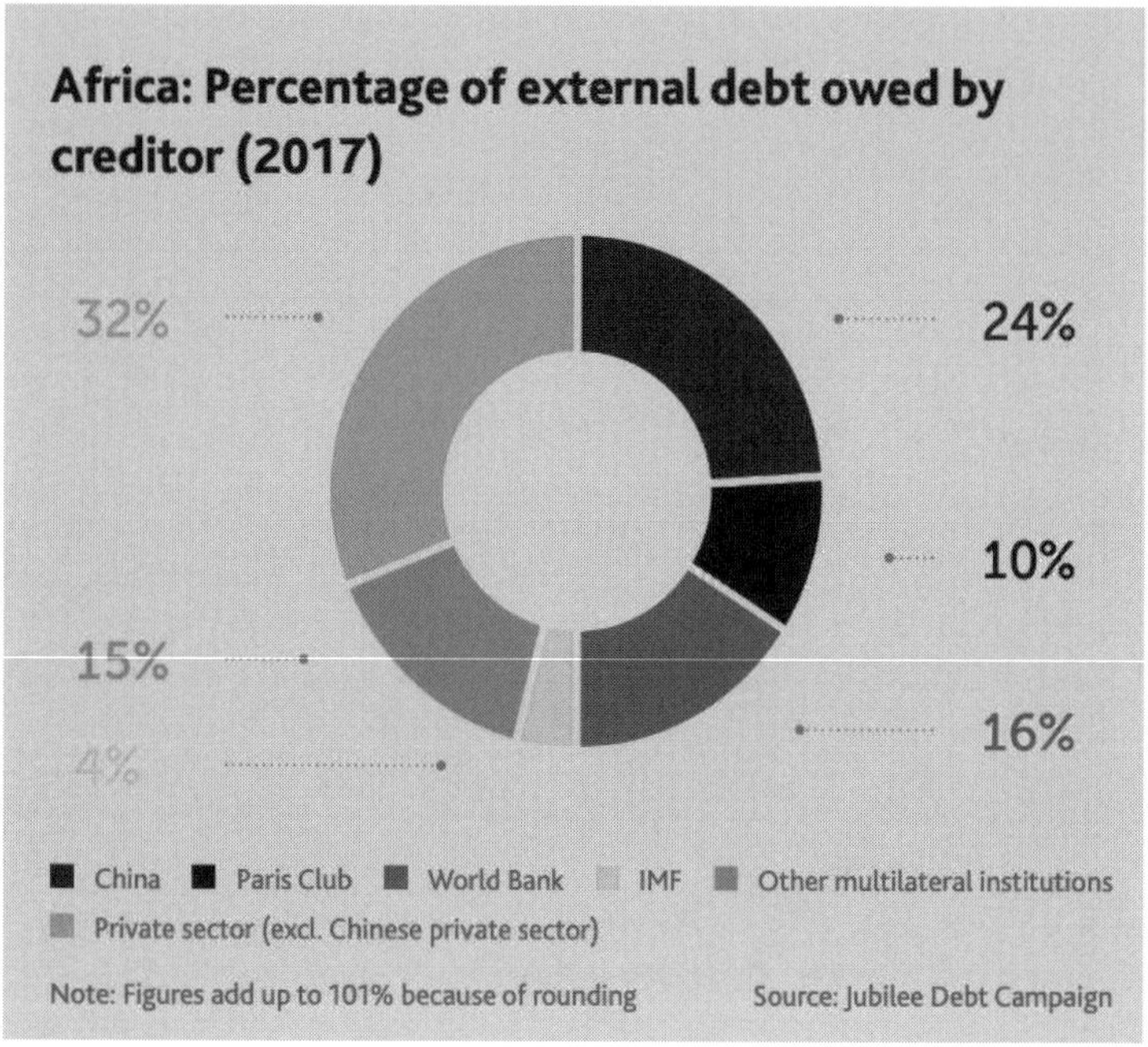

二〇一七年のジュビリー・デット・キャンペーンによると、アフリカの債務のうち、中国が二四％、IMFと世界銀行合わせて二〇％、パリクラブが一〇％、民間が三二％、その他の多国籍機関が一五％を所有している。

ットワーク（ＡｄＮＡ）によれば、ＳＤＲはＩＭＦの準備通貨であり、『各国が準備金を増やし、経済を安定させ、他の経済的損失を最小限に抑えるのに役立ち、米国政府に負担をかけることなく』可能だという。ＳＤＲはアフリカ諸国にとって命綱となるものだが、米国はまだこの提案を支持しておらず、債務の罠から脱却するための新たなハードルが増えている。ＳＤＲを提唱するだけでなく、ジュビリー・デット・キャンペーン（ＪＤＣ）のような団体も、最貧国の債務を帳消しにするために、ＩＭＦに備蓄している金《きん》を売却するよう求めている。ＪＤＣによれば、ＩＭＦの金《きん》の七％未満（一一八億ドル相当）を売却して得られる利益は、『今後一五カ月間、Ｇ20債務支払い猶予イニシアティブ（DSSI = Debt Servece Suspension Initiative）の対象国七三カ国すべての債務を帳消しにするのに十分な金額』であり、『それでもＩＭＦが二〇二〇年開始時に保有していた金《きん》よりも二六〇億ドル多く残る。』

ＩＭＦと世界銀行はアフリカ諸国の債務取り消しに向けた動きを拒否しており、債務取り消し支援者の努力は相変わらず耳に入らないようだ。世界銀行の偽善は、アフリカに対する最大の債権者である中国に、貧しい国々の債務を帳消しにするよう圧力をかけ続けている一方で、自らはそれらの国々の債務をいまだ帳消しにしていないという事実にも表れている。」

中国はアフリカに対する最大の債権者であり、アフリカに対する最大の債務取り消し国でもあり、債務の再交渉において最も柔軟で、ジョンズ・ホプキンス報告書で見られたように金利によるペナルティはない。国際政策センターが確認したように、こうした債務の返済に柔軟に対応することを拒否しているのは、実際にはＩＭＦと世界銀行である。アフリカが負っている債務の大幅な帳消しを拒否し、法外な金利でこれらの融資を維持しているのは彼らであり、アフリカの債務問題の背後にいるのは彼らである。

さらに、ＩＭＦや世界銀行の融資では、電力網のような必要不可欠なインフラを整備しないという条件を強制されるが（アフリカは何十年も闇に閉じ込められてきた）、中国は現実にアフリカでインフラを整備しており、外交問題評議会が落胆を認めるほどだ

これが、プーチン大統領が二〇一八年の演説――「アフリカに光を灯す」――で言及したことである。[8]

二〇一九年にロイターは、米国のアフリカ外交トップが、アフリカ諸国が返せないような借金を抱えている場合でも、欧米主導の債務救済を期待してはいけないと警告したと報じた。[9]

「我々は、過去二〇年間だけでも、多くのアフリカ諸国に対する、このような大きな債務免除を経験した。」これは、アメリカのティーボル・ナギー国務次官補（アフリカ担当）が、一九九六年にＩＭＦと世界銀行が始めた、ＨＩＰＣ（重債務貧困国）プログラムと軽蔑的に銘打った政策について、「上手い粉飾」と言及しながら述べた言葉である。

「突然また同じようなことを繰り返すのか？（中略）私は確かに同情しないし、我々の政権がそのような状況に同情するとも思わない」と、彼は南アフリカのプレトリアで記者団に語った。

なるほど。もし中国の外交官がそう言ったとしたら、欧米諸国からどう見られるか想像してみてほしい。しかし、どうやら欧米の人間がそれを言うと、搾取や略奪には当たらないようだ……

別の例を見てみよう。スリランカの債務危機はどうだろう。繰り返し聞かさているとおり、やっぱり中国が悪いのだろうか？

これは、ドイツのディ・ヴェルト紙の記事[10]に掲載されたグラフである。見ての通り、中国が貸しているのは、スリランカの借金の一〇％でしかない。アジア開発銀行は一三％を貸しているが、その名前に騙されてはいけない。この銀行は世界銀行をモデルにしており、役員には日本人社長しかいない。日本は対外的な金融問題のすべてにおいて、欧米の指示

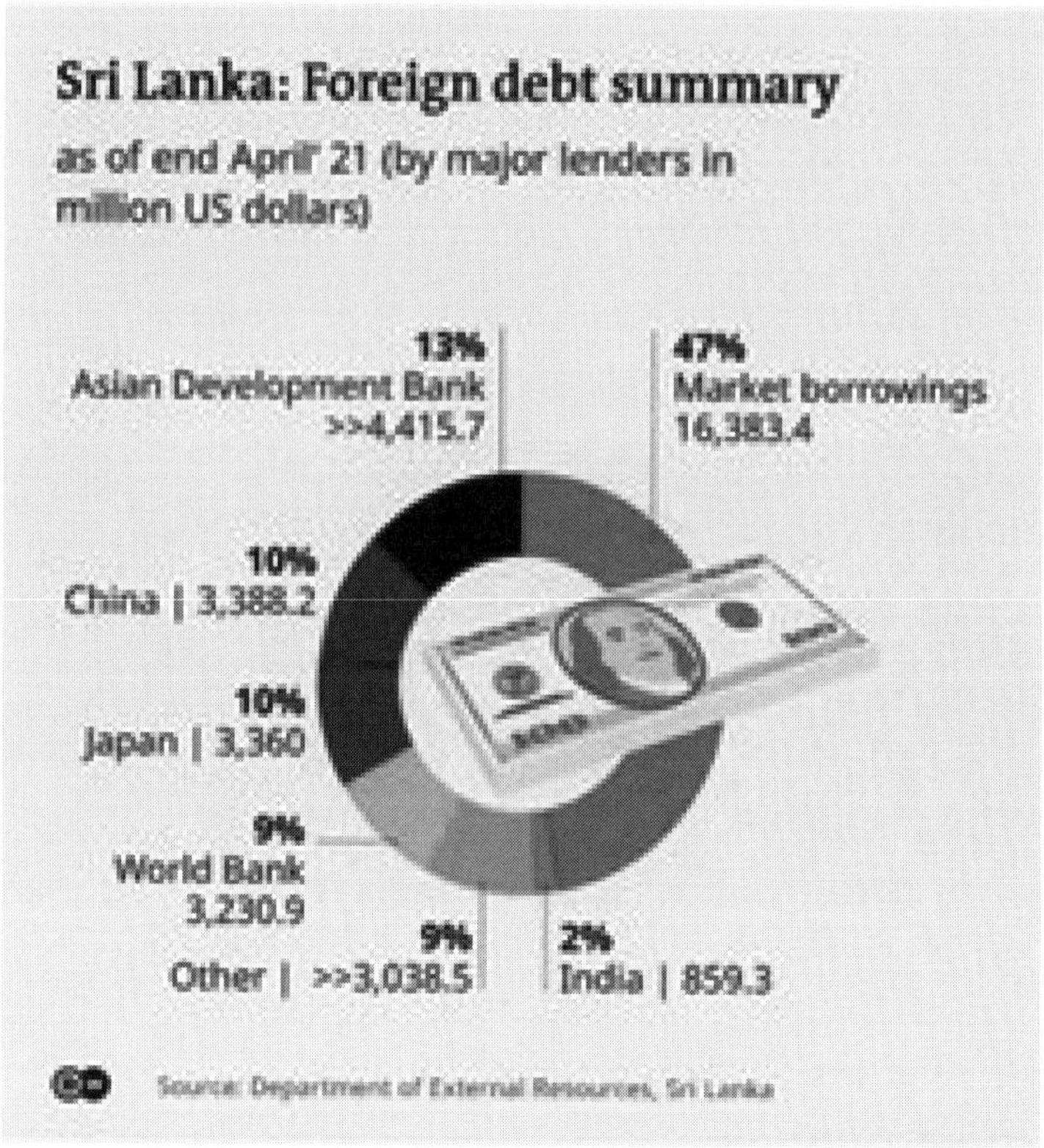
Sri Lanka: Foreign debt summary
as of end April' 21 (by major lenders in million US dollars)
13%
Asian Development Bank
>>4,415.7
47%
Market borrowings
16,383.4
10%
China | 3,388.2
10%
Japan | 3,360
9%
World Bank
3,230.9
9%
Other | >>3,038.5
2%
India | 859.3
Source: Department of External Resources, Sri Lanka

に従わなければならない。

では、スリランカの対外債務の四七％を占める市場借入とは誰からのものだろうか？日本の東京に本社を置く世界最大の金融新聞、日経アジアによると。[11]

「IMFによれば、ゴタバヤ元大統領の任期が残り一年となる二〇二〇年末までに、同国の対外債務は三八六億ドルとなり、中央政府の債務総額の四七・六％を占めた。国際ソブリン債が一四〇億ドルと最も多く、次いで多国間金融機関からの融資が八八億ドル、二国間債務が六二億ドルである。コロンボにあるシンクタンク、アドボカタ・インスティテュートによると、ISB（国際ソブリン債）保有者のトップ二〇には、ブラックロック、アリアンツ、UBS、HSBC、J・P・モルガン・チェース、プルーデンシャルが含まれている。」

「民間部門」「その他の多国間機関」「市場からの借り入れ」といった曖昧なタイトルに隠れたこのようなグラフの真相が、ここから見えてくる。これらは主に英米の銀行や投資会社であり、法外な金利で融資を行っている。なぜ、これらの機関の名前は言及されず、このような一般的で一見穏やかなラベルの後ろに都合よく隠されているのだろうか？

また、スリランカの債務危機の原因を中国に求めるという、明らかな誹謗中傷と嘘も見受けられる。中国がスリランカの債務の一〇%しか貸していないのに、どうしてそのような非難が正当化されるのか?

もう一度言うが、今日スリランカ(かつてはイギリスの植民地であったセイロン、バンドン会議の主要な主催者であった)で起きている経済騒動に責任があるのは中国ではないのだ。実際、スリランカの混乱の背後には、全米民主主義基金(National Endowment for Democracy)がいると考えるべき重大な根拠がある。

IMFはどうだろうか。このような債務の罠の構図ではほとんど言及されていないようだ。あまり悪い印象がないようだが……

驚くなかれ、以下で紹介するIMFの経済的ホラーストーリーの例は、アフリカでもアジアでもなく、むしろヨーロッパにあるのだ。

現在のウクライナは、あらゆる面で悲劇の舞台だ

かつてウクライナは、「ヨーロッパの穀倉地帯」と呼ばれる東欧で最も豊かな国の一つであった。しかし、ウクライナはソ連経済の最盛期にはソ連の一部であったため、この経済的事実を知ることはますます難しくなっている。最も不都合な真実だ。そのため、ウクライナのＧＤＰグラフに、ソ連から独立した一九九一年より前のものを見つけるのは困難である。一九九一年から一九九七年にかけて、ウクライナはＧＤＰの六〇％を失い[12]、五桁のインフレ率に苦しんだ[13]。一向に終わらないこの大不況の間、ウクライナは誰の支配下にあったのだろうか？　国際通貨基金（ＩＭＦ）である。

ウクライナ人の抗議デモの引き金となったＥＵ協定問題の際、ＩＭＦが強硬手段に出たこの「協定」の条件の一部が、ウクライナ人の所得はそのままに、公共料金（最初は電気とガス）の大幅値上げを実施するという要求だったことが、後に判明した。

ウクライナ国民は何も知らなかった。自分たちが命をかけて戦っている協定そのものが、ブリズマ・ホールディングスのような腐敗したガス会社とその外国人株主を直接利するものであり、ウクライナ国民は経済的に不利益を被るものだったことを。これは、エネルギ

ー危機の真っ只中にある今日、多くの輝かしい「EU協定」のもとで、ヨーロッパのほとんどが直面している状況と似ている。[14]

ウクライナの若者たちの抗議運動の背後で、アメリカ政府から直接資金を提供されただけでなく、[15]アメリカのカラー革命担当部門である全米民主主義基金（NED）からも資金提供を受けていたことが判明した。

コヴァート・アクション・マガジン誌のジェレミー・クズマロフは、『全米民主主義基金は、ウクライナでの基金プロジェクトの記録を削除した』と題した記事で次のように書いている。

「一九八〇年代初頭に設立されたCIAの下部組織である全米民主主義基金（NED）は、検索・閲覧可能な「提供済み助成金」データベースからウクライナでのプロジェクトへの資金提供の記録をすべて削除した。

二〇二二年二月二五日一四時五三分にアーカイブされたウェブページの画像を観ると、NEDは二〇一四年から現在までの間に、ウクライナに三三四件の賞の形で二二、三九四、二八一ドルを付与していることがわかる。同日二三時一〇分のキャプチャーでは、ウクライナに関して「結果なし」と表示されている。今現在も、ウクライナの「結果なし」が表示されたままだ（中略）。
ＮＥＤの記録は、バイデン政権がメディアに流した、ロシアのウクライナ侵攻は『挑発に反応したものではない』という大嘘を立証するために、消去する必要があったのだ。」

つまり、ここでできるだけはっきりさせておかなければならないのは、ウクライナの経済は一九九一年の独立後（ソビエト連邦解体後）、ＩＭＦの言いなりになっていたということだ。その直後からウクライナ経済は下降線をたどり、経済不況に突入し、一夜にしてウクライナのオリガルヒが誕生したのである。（ロシアも深刻な不況に見舞われ、一夜にしてオリガルヒ（新興財閥）が誕生したのは、ペレストロイカというロシア内部の財政再建のための欧米流の政策の導入があったからである。やがてロシアは経済・金融の主権を一部獲得することができたが、それは長いプロセスであり、ロシア中央銀行のような欧米の命令に従う部分をいまだに持っている）。

これが、ロンドンの「テムズ川沿いのモスクワ（ソ連解体後ロンドンに拠点を移したロシアの新興財閥）」の実態であり、自国民の苦しみから利益を得たウクライナとロシアのオリガルヒたちが一夜にしてそこに集結した。彼らは、シティ・オブ・ロンドンの下僕のような連中だ。プーチン大統領が最近の演説で述べたように、彼らは主人の廊下に座る権利のために祖母を売るような、自国に対する裏切り者なのだ。

ウクライナでのオレンジ革命（二〇〇四年）もマイダン革命（二〇一四年）も、つまるところ人々の経済的絶望が原因だった。ウクライナ人はEUとの取引のために命を落とし、ロシアを閉め出した。そのことで彼らは何を得たのだろうか？ ウクライナは七年前にEU協定にサインした結果、今年（二〇二二年）の初めまで、ヨーロッパで最も貧しい国になってしまっていた。この戦争は、ウクライナの自由のためではなく、ロシア国内の経済崩壊を引き起こすためのものだが、それは明らかに失敗している。[16]

我々は、パーマストン卿の言葉を今一度思い出すべきだ。「我々には永遠の同盟者もいなければ、永遠の敵もいない。われわれの利益は永遠かつ永続的なものであり、その利益に従うことがわれわれの義務である。」

これに巻き込まれたウクライナ国民は弄《もてあそ》ばれてしまったのだ。この「尊厳の革命」の結果、ウクライナは今、灰燼に帰している。

そして今、台湾の国民もそれに続くことを求められている。

ひまわり運動＝台湾のカラー革命

ウクライナの「尊厳の革命」が、香港の「雨傘革命」、別名「オキュパイHK（香港を占拠せよ）」、台湾の「ひまわり運動」と同じ年に起こったということを、多くの人は知らない、あるいは少なくとも結びつけて考えていないのではないだろうか。そう、これらはすべて同じ年に起こったものであり、欧米のNGOとともに全米民主主義基金から資金提供を受けていたのだ。

まず、香港のケースから見ていこう。

香港は、長い間、中国の一部であった。香港島は、中国が第一次アヘン戦争に敗れた後、大英帝国の一時的な植民地とされた。第二次アヘン戦争が中国の敗戦に終わり、イギリスは、植民地を九龍半島に拡大し、一八九八年、香港の九九年の租借権を獲得した。

一九九七年、イギリスとの九九年間の租借契約に基づき、香港は中国に返還された。しかし、イギリスは香港を完全に手放したわけではない。

一九九七年から香港に住み、二〇一九年の香港のデモについて優れた報道をしているローラ・ルゲリは、論文'Agents of Chaos: How the US Seed a Color Revolution in Hong Kong'（『カオスのエージェント――どのようにしてアメリカは香港のカラー革命の種を蒔いたか』[17]）で次のように書いている。

「外から見た限りでは、中国との同一性、中国への忠誠心を創り出すプロセスはまだ初期段階にあった。これとは対照的に、米国が「影響力のベクトル」「民主化の触媒」とみなした国境を越えた活動組織、特に教会、ＮＧＯ、支援運動のネットワークは、香港の市民社会に定着していた。彼らは米国が支援する地元メディアや民主化政党と連携して、中国と地元政府の双方を絶えず批判に晒し、国内の不満を利用して社会の亀裂、党派や思想の偏りを深刻化することで、香港を統治不能の状態にしようとした。

（中略）香港の議員たちは、一国二制度の政治的実現可能性は、最終的には一国の安定性にかかっており、それなくして二制度の話はとんでもないことになることを認めなかった。

（中略）一九九七年にイギリスによる統治が終わったとき、植民地制度、イギリス式に訓練された公務員、中国本土に対する誤った優越感によって不安定に保たれている傷ついた集団心理という有害な遺産が残された。

（中略）米国は一九九七年の返還以前から、香港でカラー革命のための煉瓦を作り始めていた。香港を拠点とするグループに対するＮＥＤの資金提供は一九九四年に遡り、二〇一七年までアジア、中東、北アフリカのプログラム担当理事を務めていたルイーザ・グレーヴは「一貫したものだった」と評している。その最初の戦略目標は、香港で国家安全条例（基本法二三条）が制定されると、ＮＥＤや他の海外資金提供団体の活動が事実上違法となるため、それを阻止することだった。二〇〇三年にレジーナ・イップ保安長官が香港基本法第二三条[18]を立法化する国家安全条例草案を発表すると、それを合図にするかのように五〇万人が政府案に反対するデモ行進を行い、イップ夫人は組織的な中傷キャンペーンの対象となり、辞任に追い込まれて、結局条例草案は撤回された。

（中略）外国人工作員やスパイ。彼らの任務は、一国二制度という統治モデルを崩壊させ、中国に対する愛国心の高まりを抑制することだった。一国二制度モデルが香港で失敗すれば、台湾が将来それを採用しようとは思わないので、米国はコストをかけずに別の戦略目標も達成することができる。[19]」。

このように、NEDが資金提供したすべての革命に見られるように、人々は実際には自分たちの自由と繁栄に害を及ぼすものに抗議しているわけではなく、むしろその逆なのだ。彼らは、自分たちの利益になるようなことに抗議するように騙されている。彼らは、教育システム、メディア、政府の中にいる外国のエージェントによって煽られた偏見に翻弄され、実際には自分たちにとってより良い結果を生むものを憎み、不信感を持ち続けているのだ。

二〇一九年の香港のデモの場合、これは信じられないことに、香港が犯罪者引き渡しに関する逃亡犯条例改正を導入したことに対抗して、犯罪者引き渡し条例改正案反対運動として始まったものだ。なぜ香港政府はこの法案を提出したのか？　幼い少女が切り刻まれ、スーツケースに押し込まれたからだ。[19]恐ろしい犯罪を犯したボーイフレンドは、彼女の遺体を台湾に置き去りにし、その日の夜の便で香港に戻った。

「一国二制度」によって香港の法律では、中国・台湾にこの犯罪者を引き渡せないため、この法案を提出したのである。香港のデモが過熱する前は、オーストラリア政府でさえも協力することを問題視していなかったことである。これが意味するのは、二〇一九年の香港のデモに参加した人たちは結局のところ、香港人が中国国内で犯罪を犯したときにその生き方に「介入」できる中国の権利に抗議していたということである。

つまり、この抗議者たちは、香港が中国の一部であるにもかかわらず、香港人が犯した犯罪に中国が介入する権利はないと言っていたのだ。それが民主的な平和を愛する運動と言えるだろうか？

ましてや、二〇一九年の抗議活動では、自分たちの意見に反対する高齢者を含む香港人を、暴力的に攻撃したのだ。

二〇一四年の「オキュパイＨＫ（香港を占拠せよ）」は、ＮＥＤから四〇万ドルの資金提供を受けていた。二〇一九年の抗議活動では香港は、ＮＥＤが二〇一七年から二〇一九年にかけて支出した一七〇万ドルの助成金を受け取っている。[20]

ＮＥＤはチベットと新疆ウイグル自治区（過激化した分離主義者とＮＥＤによって東トルキスタンと呼ばれている）の分離主義者グループにも資金援助を行なっている。ＮＥＤは最近、新疆ウイグル自治区への資金提供リストを削除したが、ＮＥＤ（www.ned.org）のサイト内の「awarded grants search（供与された助成金検索）」にアクセスすると、彼らの主要な資金提供先は世界ウイグル会議だとわかる。ＮＥＤは、米国政府の外交政策を支援し、中国が新疆で大量虐殺を行っているという主張を支える主要組織であり、資金提供者であることがわかるのだ。

英米は二〇一九年に、香港を奪還する二度目の試みを行ったが、香港を中国から切り離すことに再び失敗した。もし成功していたら、台湾の分離独立運動のモデルとして利用したことだろう。

不思議なことに、イギリスのザ・ガーディアン[21]のようなメディア・通信社によって、中国を批判する以下のような主張がウェブ上を駆け巡っている。曰く、「中国は香港をイギリスに割譲した条約を認めていないから、香港はイギリスの植民地ではなかった」というのだ。香港を九九年の租借権でイギリスに譲渡したのは腐敗した清朝であったという意味では、その通りである。中国人が清朝を倒し、やがて中華人民共和国が成立したとき、この条約は決して承認されなかった。

つまり中国政府は、イギリスの植民地主義を支持することになるので、このような条約を決して認めなかったのだ。

中国が基本的に自らを植民地として認めないことへのこの種の批判で問題なのは、イギリスのマスコミの反応が、「とんでもない連中だ!」といったものだということだ。古い習慣はなかなか消えないものだ。

中国が香港の教育システムを取り戻す必要があると認識していたことは、ローラ・ルッジェリの研究によって確認されている。それは、中国が言論の自由を抑圧するような独裁国家だからではなく、教科書がイギリスの植民地的世界観と本質的に反中国的な中国の歴史を教え続けていたからだ。

香港のいわゆる自由愛好家やその支持者たちが、植民地的な枠組みに簡単に味方するのは何とも皮肉なものだ。自分たちの主人の殿堂に座れるなら何でもいいのだ……

ガーディアンの記事は、二〇一九年の香港のデモは外部の力によって引き起こされたものだと中国の学校が教えるとはとんでもないことだ、と続けている。その意味するところは、植民地メンタリティに洗脳されたままの香港の分離主義運動を、中国が香港人の自発的なものと認めないのはけしからん、と言いたいのだ。

ふうむ、なるほど

本性の筆者（C・チョン）の家族の一部は香港出身だが、彼らは、自分たちが本土に住む中国人よりも優れていると考えていて、明らかに本土の人間を汚い農民とみなしていた。香港で育った私の家族は、欧米の理想像に共感し、母や兄弟は、もっと欧米的な外見に生まれたかったと私に告白したほどだ。それは、自由と言えるだろうか？

二〇一九年の香港のデモ隊がイギリスの国旗を持った写真

さて、台湾の「ひまわり運動」を見てみよう。

読者はご存じないかもしれないが、台湾は法的に中国の一部であり、一三の小国とバチカン市国、教皇庁を除く国際社会全体からそのように認められている。そして、これらの小国も英米の命令に従っただけで、自らそれを決定したのではない、とまで言っておこう。

アメリカは、台湾に武器を送り、少数の米軍を駐留させているにもかかわらず、台湾を中国の一部と認めてもい

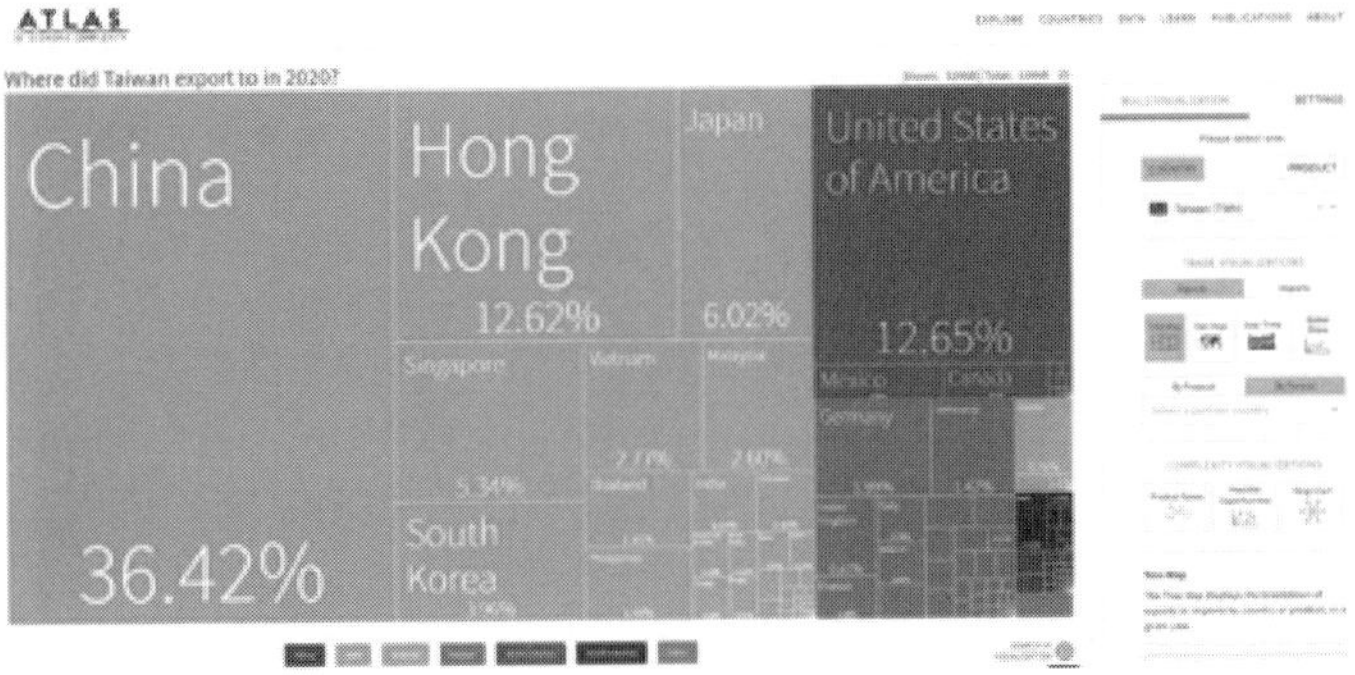
ATLAS
Where did Taiwan export to in 2020?
China
36.42%
Hong
Kong
12.62%
Japan
6.02%
United States
of America
12.65%
Singapore
5.34%
Vietnam
Malaysia
South
Korea
Mexico
Canada
Germany

ATLAS
Where did Taiwan export to in 2020?
China
36.42%
Hong
Kong
12.62%
Japan
6.02%
United States
of America
12.65%
Singapore
5.34%
Vietnam
Malaysia
South
Korea
Mexico
Canada
Germany

る。

アメリカ国務省のウェブサイトには、「我々は、いかなる一方的な変更にも反対する。台湾の独立を支持しない。」と書かれている。[22]

では、なぜアメリカが好戦的なのか？ どうやら、法律に違反しているのはアメリカのようだ。

滑稽極まりないことに、ニューズウィーク誌は、「中国の戦闘機部隊が台湾の防空圏に侵入」[23]と題し、近年メディアの至る所に掲載されているのと同種のフィクション記事を掲載した。

以下は、ニューズウィーク誌の記事で使用された、台湾国防部が公表した中国の航空機「違反事件」を紹介する画像である。

何か奇妙なことにお気づきだろうか？ 台湾の「自己宣言防空識別圏」は、中国本土と重なっているのだ。台湾によれば、中国は自国の本土の一部の上空を飛行する権利すら持っていない！ ということになる。

さらに、台湾の主張によれば、中国は台湾海峡を通過する権利はないが、アメリカ海軍の駆逐艦は「台湾」の海域に入ることができ、過去数年間、何十回となくそれが起きている。

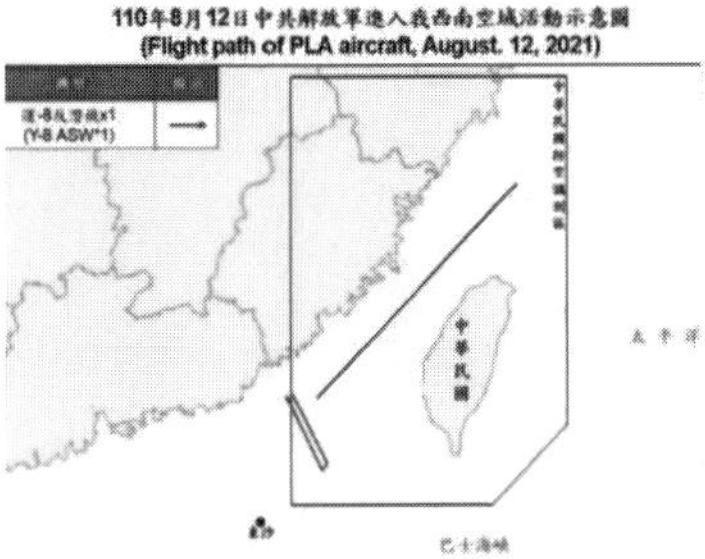

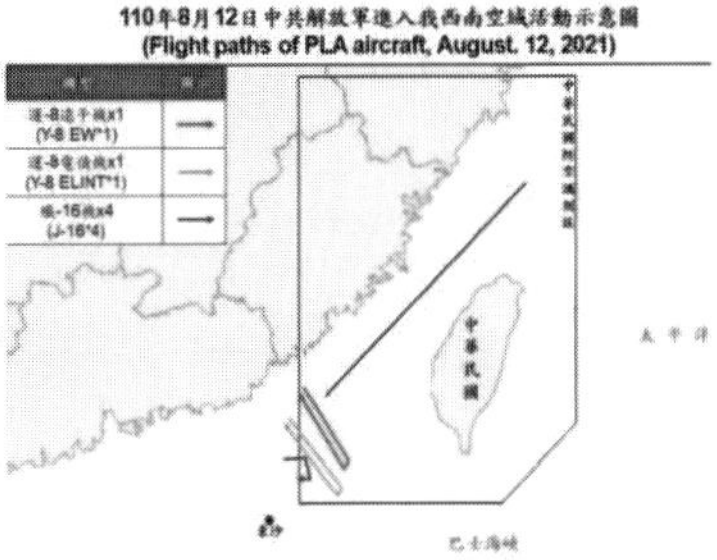

CNN（米メディアの大手）は「米海軍駆逐艦が、中国が主張する領海に一週間で三度目侵入[24]」という、非常に誤解を招く見出しを載せている。えーと、「中国が主張する領海」？　米国務省は台湾を中国の一部と認めているのだから、そう、中国の領海内なのだ。中国の相手がどういうものなのか、少しおわかりいただけただろうか？

最後に、この画像で中国が取っている飛行経路を見ると、それが台湾上空を通過するものではないことを明確に示していることがおわかりいただけるだろう。中国は、台湾が中国の一部であるにもかかわらず、台湾に自分の領域を与えているのだ。

元海兵隊員のブライアン・バーレティックが彼の『ザ・ニューアトラス[25]』に上げたビデオで指摘しているように、台湾は中国との貿易に完全に依存している。したがって、もし中国が本当に台湾を「服従」させたいなら、台湾を「侵略」する必要はなく、単に台湾との取引を停止すればいい。中国は台湾の貿易相手として輸出額の四九・〇四％、輸入額の二三・八％を占めている【上記画像参照】。

二〇一四年に起きたひまわり運動は、ウクライナの「尊厳の革命」と同じく、経済的な取引をめぐるものだった。台湾の場合、それは中国との自由貿易協定をめぐるものだったが、台湾は中国の一部であるため、同じ国の中で自由貿易を望まない理由はない。したがって、今回も、自分たちの利益になることに対しての抗議であったことがわかる。

ひまわり運動の背後にある主要な組織の一つは、NED[26]と直接つながり、NEDから資金援助を受けている台湾民主基金会（www.tfd.org.tw）である。

NEDのウェブページ「台湾の運命」では、元国連人権理事会米国大使で、一九八四年の設立以来二〇二一年までNEDの会長を務めたカール・ガーシュマンの発言として、次のように書かれている。

「私は二五年前、初めて台湾を訪れ、NEDのような非政府機関を通じて民主政治を育成する国々の共同体に加わるよう、台湾に呼びかけた。当時、台湾はこの考えに対して準備ができていなかった。

それから四半世紀、台湾は、女性として初めて台湾総統に選出された蔡総統に代表されるように、ダイナミックで安定した、成功した自由民主体制を確立している。

しかし、世界の他の地域では、民主政治が危機的状況に陥り、ロシアや中国のような権威主義的な国々がより攻撃的で脅威を及ぼす存在になっている。

私は二五年前、台湾が民主政治を推進する機関を設立することを期待してこの地を訪れたが、台湾は民主的普遍主義の世界的なシンボルとなることを選ばなかったので、そのようなシンボルになるとは予測していなかった。しかし今、台湾にはそのような機関があり、私はとても感謝している。昨年、ＴＦＤ（Taiwan Foundation for Democracy＝台湾民主基金会）の一五周年記念式典で話したように、私は台湾政府が基金の予算を増やしてくれることを望んでいるし、米国議会がＮＥＤの予算を増やしてくれるかもしれない。この活動はとても重要だ。

（中略）台湾の犠牲とコミットメントのおかげだ。私は、その日が来ることを信じている。」

これと同じ言葉に従ったウクライナの人々の犠牲と、それがもたらしたウクライナの悲惨な運命と同様に？

台湾民主基金会が、台湾の中国からの分離を促すためにＮＥＤが設立し資金を提供した機関であることは、カール・ガーシュマンの言葉から明らかだ。

そして、ウクライナの「尊厳の革命」のように、ひまわり運動は、アメリカ政府によって選ばれ、形作られる新しい政府を要求することを許したのである。たとえば台湾の外交部長であり、台湾民主基金会の副会長でもあるジョセフ・ウー（呉釗燮）のような人たちが選ばれることを。

本章のおわりに

では、本当に「見知った悪魔の方がマシ」なのだろうか？　筆者はこの言い方を、つねづね混乱を招くものだと思っている。この言葉は、我々が確実に怪物のように悪いと知っているものと、「知らない」と認めている他のものを比較して、前者のようがマシだと言っているのだ。では、なぜ「怪物のようなもの」と「別のもの」のどちらかを選ばなければならないと考えるのか？

それは、特にカラー革命の方法に見られるように、民衆を、自分たちが今置かれている地獄を自ら選んでしまっていることを知らずに、自分たちの知っている悪魔の方の見方をしてしまうように仕向ける技術が使われているからだ。彼らは、未知の世界へ行くことを恐れ（情報を得れば、すぐに知ることができるのに）、むしろ頭と心を搦《から》め捕られたままでいることを望むのである。

植民地的ストックホルム症候群とでも言うのだろうか。


B・F・スキナーという恐るべき行動学者は、ラットを使った研究で、ある現象を発見した。これは現在では「スキナーのボックス」という非常に不気味な名前が付けられているが、「オペラント条件付け室」という、やや不気味な響きを削いだ名称もある。

スキナーが発見したのは、以下のことだ。この箱の中で、報酬と罰という相反したメッセージを使って、特定の方法で拷問を受けたラットは、将来のストレスに対処するメカニズムとして、この作り出された「現実」に一種の依存をするようになる。その結果、ラットが箱から出ることを許されても、痛みや恐怖を与える刺激を受けると、その即時の反応として、自らの意思で（！）安心感を得るために箱の中に逃げ帰ることがわかった。

考えてみていただきたい。

行動主義心理学者たちがスキナーのこの「発見」に非常に興奮したのには理由があり、それはラットへの応用のためではなかった……

我々は、複雑な世界に生きていると聞かされる。分裂した世界、憎しみと戦争と欲望に満ちた世界だ。そして、特に欧米が、自ら作り出した地獄に落ち込んでいることは確実だと。しかし、そこがキーポイントなのだ。

ジョン・ミルトンは『失楽園（Paradise Lost）』の中で、「心はそれ自身の場所であり、それ自体が地獄の天国を作り、天国の地獄を作ることができる」と書いている。

皮肉なことに、多くの人々が知らないのは、ミルトンが『復楽園（Paradise Regained）』[27]というタイトルの続篇を書いたことだ。我々は『失楽園』ばかりに注目して、『復楽園』には関心がないように見えるのは、興味深いことだ。また、ダンテの『地獄編』や『煉獄編』は誰もが知っているが、作品が全体として読まれることを前提とした『天国編』はほとんど知られていない。なぜなのだろう？

もし、我々がこの人生で、何が善であるかを知らずに歩んでいくことを選ぶなら、我々は確実に自分自身を地獄の中に閉じ込めたまま生きていくことになるだろう。しかし、それは現実がそうだからではなく、我々が自ら作り出したものなのだ。

選択するのはあなた自身。

「人を悪の道に誘うのは自分の心であって、敵でもなく、仇でもない。」

——ブッダ

注

［1］この物語を扱った「アヘン戦争」という優れた中国映画がある。https://youtu.be/YWzeZ5sNxmk、無料で見ることができる。

［2］"Old Summer Palace marks 157th anniversary of massive loot". http://www.chinadaily.com.cn. 2018-06-30

［3］ＨＳＢＣはドーピングトレードもCrownも辞めなかった。なぜＨＳＢＣはファーウェイ事件における「被害者機関」ではないか？

［4］中国の勇ましい話については、こちら：https://youtu.be/oZmGmQM2_pc, とこちら：https://www.bilibili.tv/en/video/2017793215を参照。

［5］'Sugar and Spice and Everything Vice: the Empire's Sin City of London', Synthia Chung, *Strategic Culture Foundation*, March 8, 2020

［6］*The Spider's Web: Britain's Second Empire*, 2017

［7］'The Hotel Majestic and the Origins of Chatham House', Katharina Rietzler *Chatham House*, June 1, 2019

［8］'Russia will light up Africa-Putin', *Russia Today*, July 27. 2018

［9］'Don't expect debt relief, United States warn Africa' by Joe Bavier', *Reuters*, June 24, 2019

［10］'Why Sri Lanka defaulted on its foreign debt' Krithiga Narayanan, *Die Welt*, 14, 2022

［11］'Sri Lanka's international bondholders brace for a haircut Debt-ridden country's recent history is a chronicle of a default foretold', MARWAAN MACAN-MARKAR, *Nikkei Asia*, APRIL 18, 2022

[12] 'Can Ukraine Avert a Financial Meltdown?', *World Bank*. June 1998 Archived from the original on 12. July, 2000

[13] 'The IMF and Ukraine: What Really Happened', by Figliuoli, Lorenzo; Lissovolik, Bogdan 31. August, 2002

[14] 'The EU's "Fit for 55," "Farm to Fork" and the Cancelation of Nord Stream: A Mass Sacrifice to the Gods?' by Cynthia Chung, *Through a Glass Darkly*, Jul 19, 2022

[15] 'Fact Checking the Fact Checkers: Why Does Ukraine Seem to Have So Many Nazis Nowadays?' by Cynthia Chung, *Through a Glass Darkly*, Mar 26, 2022

[16] 'Financial war takes a nasty turn', Alasdair Macleod, *Gold Money*, May 5, 2022

[17] 'Agents of Chaos. How the U.S. Seeded a Colour Revolution in Hong Kong', by Laura Ruggeri, *Medium*, May 25, 2020

[18] 第二三条は、香港基本法の中の条文である。香港特別行政区が「反逆、分離独立、扇動、中央人民政府に対する破壊行為、国家機密の窃盗を禁止し、外国の政治組織や団体が同区で政治活動を行うことを禁止し、同区の政治組織や団体が外国の政治組織や団体と関係を結ぶことを禁止する法律を独自に制定する」と定めている。

[19] 'The murder behind the Hong Kong protests: A case where no-one wants the killer', by Cindy Sui, BBC, 23. October 2019

[20] 'The Anglo-American Origins of Color Revolutions & NED', by Matthew Ehret, *Strategic Culture*, August 17, 2019

[21] 'New Hong Kong textbooks "will claim city never was a British colony"', by Helen Davidson, *The Guardian*, July 15, 2022
[22] https://www.state.gov/u-s-relations-with-taiwan/
[23] 'China Warplane Fleet Enters Taiwan's Air Defense Zone After Two-Month Lull', by John Feng, *Newsweek*, August 12, 2021
[24] 'US Navy destroyer enters Chinese-claimed waters for third time in a week,' by Brad Lendon, *CNN*, July 20, 2022
[25] www.youtube.com/c/TheNewAtlas
[26] 'TAIWAN'S DESTINY REMARKS BY CARL GERSCHMAN UPON RECEIVING THE PRESIDENTIAL MEDAL IN TAIWAN', Nrion Wnsoqmwnr doe Swmoxexy, Swxwmvwe 10, 2019
[27] *Paradise Lost and Paradise Regained*, Paperback, 400 pages Published February 1968 by Signet Classics (first published 1667)

第七章
中国は全体主義の反精神主義的な岩に過ぎないのか？
ソーシャル・クレジットと偽宗教カルト

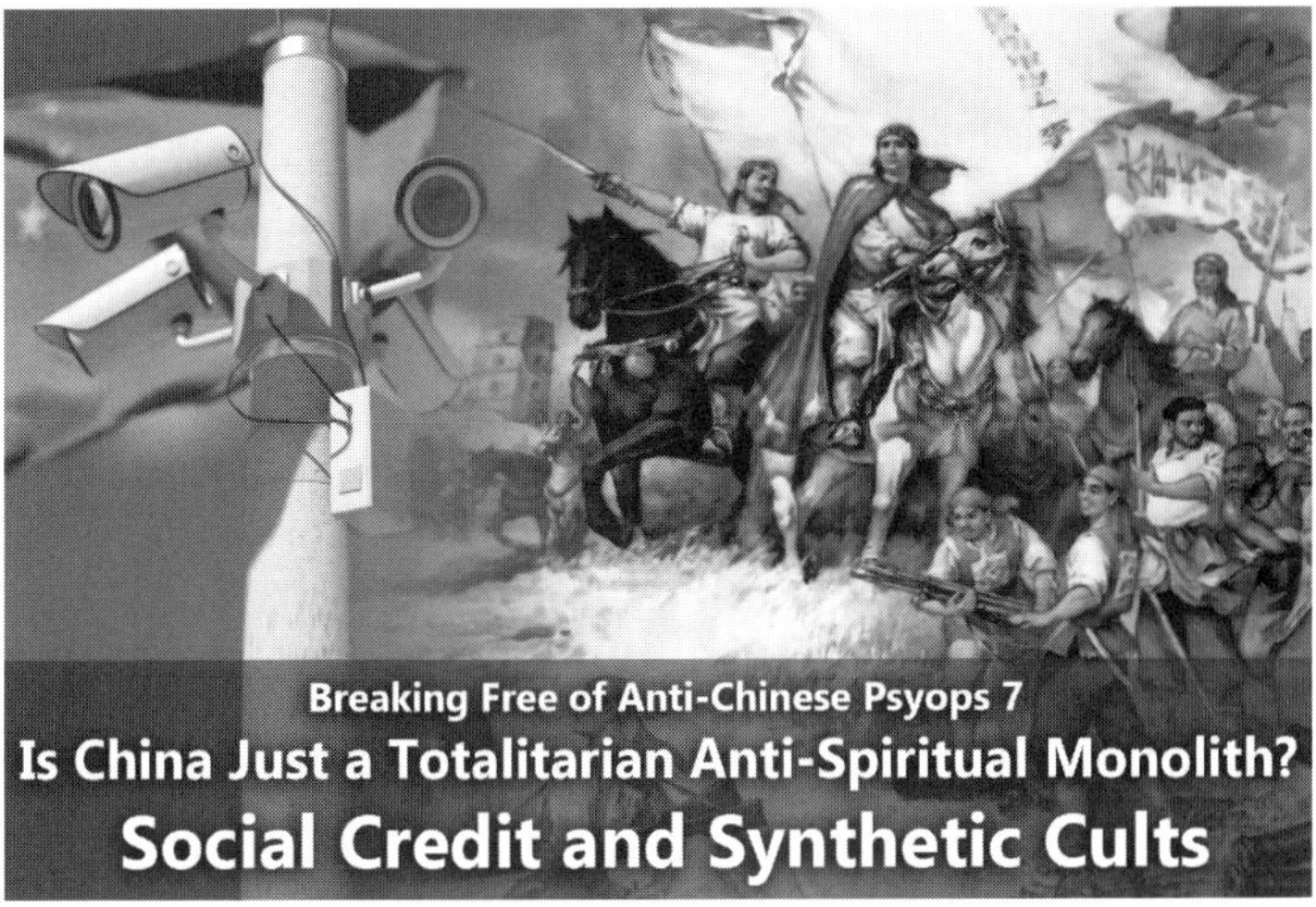
Breaking Free of Anti-Chinese Psyops 7
Is China Just a Totalitarian Anti-Spiritual Monolith?
Social Credit and Synthetic Cults

COVID–19が狂った世界をさらに狂わせて以来、多くの善良な人々が、ファイブ/アイズが管理するルールに基づいた（法律よりも恣意的なルールを基準にした）リベラルな欧米諸国のいたるところで、反中国ヒステリーにのめり込んでしまった。

　中国がスパイ活動やハニーポット、さらにはグレートリセットそのものを、欧米の民主体制を弱体化させる大きな陰謀の一環として行っている、という新しい非難が、毎日、保守的な報道機関の中で繰り返されている。中国の邪悪な心を示す二つの大きな「証拠」は以下の通り。

一、中国はソーシャル・クレジット（社会的信用）を利用して人々の自由を奪っている（そしてインターネットやビデオゲームに対するより広範な国家規制）。

二、中国は国内の宗教団体を規制している（「無神論者の共産主義国家が宗教を違法化する」と思われている）。

　率直に言って、これらの恐怖の煽りには説得力がなく、根拠がない。そして、基本的な歴史や、我々が暮らしているこの世界を管理している実際の権力構造に対する理解が全くない。

事実はこうだ。**人類史上、最悪の事態を引き起こしてきたのは、長い間、同じ帝国的勢力であったのだ。戦争、暗殺、クーデター、経済テロといえば、今日では誰もが「中国共産党」という言葉を耳にする。しかし、はるか以前から、現在も精力的に猛威を振るいながら、これからも実際に人類を再び封建的な奴隷社会（二一世紀のテクノクラティック《技術主義的》改変を伴ってはいるが）に導こうとしているのだ。**

この権力構造は、中国でもなく、ロシアでもない。アメリカでもない。それは、これら三つの国すべてを一掃して、その歴史的に積み重ねられた文化を全てリセットして、それぞれを、ポスト国民国家の世界秩序の中のバラバラで人口が削減された一地域にしてしまおうとしているのだ。

ありがたいことに、この世界的危機の瞬間に本物のナショナリストのリーダーたちが現れ、ジョージ・ソロスやクラウス・シュワブ（世界経済フォーラム主宰者）のような人間蔑視のグローバリストたちが追求する未来とはまったく異なった、別の道を切り開いた。アントニオ・グテーレス国連事務総長は、最近の演説で、このような代替ブロックの動きについて次のような懸念を示した。

「我々の世界は、経済、貿易、金融、技術の面で二つの異なるルール、人工知能の開発における二つの異なるアプローチ、ひいては二つの異なる軍事・地政学的戦略へと向かっているのではないかと懸念している。これはトラブルのもとだ。それは、予測不可能であり、冷戦よりもはるかに危険である。[1]」

以下では、トピックごとに凶悪な反中国神話の芽を摘んでいこうと思う。まず偽カルト(synthetic cult)の過去と現在、イエズス会の問題、中国のディープ・ステートの本質、カラー革命、最後に中国の債務の罠神話を取り上げる。

社会信用システムに関する問題は、本章の筆者(M・エーレット)の得意な部門ではないが、地政学的観点から、どうしても言及しなければならないトピックだ。

個人的なことだが、筆者は民主的な欧米の価値観の中で形成された人間として、あらゆる形態の監視や「社会信用システム」には不快感を持つことをひと言申し上げておこう。人々は自由を大切にし、愛と信頼と民主政治の協力的な世界に住むべきだと信じている。

しかし、筆者が将来の世代に体験させたいと願っているその世界は、過去数十年にわたって、グローバリズムの檻の中に愚かな国々を閉じ込めて支配し、ウォール街とシティ・オブ・ロンドンが支配するバブル的世界秩序にその運命を縛り付けてきた超国家的寡頭体制の世界とは、ほとんど似ても似つかぬものなのである。

実際、欧米金融システムというバブルの栓を抜く準備をしている者たちは、クラウス・シュワブ、ヘンリー・キッシンジャー、ジョージ・ソロスといった名前と結びつけられた、世界経済フォーラムという特定の組織の周りをうろつく傾向にあるようだ。

反中プロパガンダを鵜呑みにしている人たちはここで、彼らはそれぞれその時々において中国を賞賛してきたと声高に言うかもしれない。しかし、**シュワブ、ソロス、キッシンジャーが賞賛する唯一のものは、中国の中央集権的な権力構造および社会信用システムなのだ。**新シルクロードの建設、生活水準の向上、教育水準の改善、古くからの文化的伝統の保護、開発のための長期信用供与、主権国家が自分の足で立つための権限付与、世界の貧困の解消など、中国が実際に行っていることは全て嫌悪している。

権力に飢えた帝国主義者は、中央集権的な国家統制を非常に好む。それは、統制によって、厄介な民主的メカニズムに邪魔されることなく、ディストピックなテクノロジーによる封建独裁の壮大なビジョンを迅速に実現する力が得られるからである。**中国の指導者とグレート・リセット派のシュワブとの違いは、その意図と統治イデオロギーにおいてである。一方（グレート・リセット派）は閉鎖的なシステム、人口削減、そして一極集中型の統治に専心し、もう一方（中国の指導者）は開放的なシステム、長期的成長、そして多極**

化を追求しているのである。

謙虚さの欠如

多くの人々にとってはなかなか認め難いことかもしれないが、大西洋の両側の欧米諸国に住む我々が、ファイブ・アイズと、元CIAアナリストのレイ・マクガバンがMICIMATT（軍事・産業・議会・情報・メディア・学術・シンクタンク複合体）と呼ぶ多頭の化け物によって支配される、より悪質な社会信用システムと監視国家体制は、既に現在実現されている。これを見ることは、トップダウンの視点から鳥瞰できる人には簡単だが、（「プラトンの洞窟」のなかから）ボトムアップで世界を理解するように慣らされた人々にとっては、プロパガンダの厚化粧に阻まれて難しい（例　二〇二一年一月六日の集会（ホワイトハウス前でのトランプの演説に集まった支持者たちの一部が議事堂に乱入したとされた。のちに平和的な参観であったことが判明）に参加しただけで多数の人々が航空機利用禁止者リストに載り、職につけず、刑務所に入れられた。）

西側諸国で破産（COVIDロックダウンによるものやそれ以外のもの）した人間は、何年にもわたって信用に傷がつき、ほとんどの人はそこから抜け出すことがほぼ不可能だ。

一方、中国では、社会的信用が低いために経済的に打撃を受けたり、仕事の選択肢が狭まったりすることはあっても、西側諸国よりも、比較的簡単に立ち直ることができる。

確かに、グレート・リセット派の寡頭制を志向する者たちが、ポスト・トゥルース、人口削減、脱炭素の世界秩序の下で大衆の行動を方向転換させるために、何らかの形のユニバーサル・ベーシック・インカムと連結させた社会的信用の仕組みを利用しようとしているが、それは考えるだけでも恐ろしいことだ。しかし、心に留めておかなければならないのは、多くの道具と同様に、メカニズムも一般的には道徳的に中立であるということだ。それをどのように使うかによって、悪にも善にもなる。

開放型システム
- 非ゼロサム
- 全体＝部分の和以上
- 成長の相対的限界
- Win-Winの協力関係を重視
- 多極化

閉鎖型システム
- ゼロサム
- 全体＝部分の和
- 成長の絶対的限界
- 勝敗の競争を重視
- 一極集中

二つのシステムの違い

さらに、中国は国民にワクチンを強制していないが、我々の自由な欧米諸国では、予防接種を受けなければ生活が成り立たなくなっている。最近、カナダ人はmRNAの予防接種を二回受けなければ、飛行機に乗ったり、列車に乗ったり、国境を越えて米国に行く権利を失った。オタワでは何百人もの平和的な抗議者が逮捕され、抗議するトラック運転手を支援するために五〇ドルを寄付したシングルマザーの銀行口座は、トルドー率いるリベラル政権の副首相・財務大臣クリスティア・フリーランドによって凍結された。さらに、大西洋を挟む両大陸の何百万人もの市民が、まだ臨床試験段階にあり死亡を含む有害な副作用の発生率が極めて高い遺伝子治療の実験にモルモットとして参加しなければ、生活の基盤を失うと脅されている。一方、中国とロシアの連邦政府は時期を異にして、予防接種を義務化しようとした自治体や地方の行政官に介入し、両国ともmRNA遺伝子治療を使用する圧力に抵抗し、代わりに従来のウイルスベクター技術を使っている。

これを欧米諸国と比べてみるとよい。カナダの連邦政府はグレート・リセット派社会病質者《ソシオパス》に従順な付属物に過ぎず、それに対して真剣に抵抗しているのは、州や地方の代表者だけだということが明らかになった。

これだけではない。自由を愛する自由民主体制の国家であるカナダ、米国、イギリスでは、裁判や基本的な市民の自由さえも奪われた内部告発者が投獄されることが、日常茶飯事になっていることを思い出すべきだ。元CIAアナリストのジョン・キリアコウは、政府による違法な拷問の使用に反対を表明したために、刑務所に入れられた。チェルシー・マニングは、米軍による民間人への殺人的な無人機暗殺を暴露して、すぐに投獄された。無実の民間人の殺害に関する情報をリークした米空軍のアナリスト、ダニエル・ヘイルは、四年の実刑判決を受け、その代償を払った。また、ジュリアン・アサンジは刑務所でやつれ果て、エドワード・スノーデンはロシアに避難場所を見つけなければ今でも刑務所にいたことだろう。

反中非対称戦の隠れ蓑としての宗教一八五〇年～現在

保守的なメディアを一番信用したがる人々の頭の中に、中国は悪者であるというイメージを植え付けてそれを維持するために、**中国は宗教の圧殺に必死になっている無神論の怪物だと言うことが喧伝されている。**中国で宗教活動をしようとする者は、刑務所に入れられるか、厳しい社会的信用の罰を受けるか、あるいは命を失うことになると言われる。しかし、このようなイメージは、どれほど大衆ウケしようと、まったくの嘘八百である。

宗教の自由に関して言えば、中国には五千万人以上のキリスト教徒が住んでおり、プロテスタントやカトリックの諸宗派の教派が六万五千以上ある。新疆ウイグル自治区ではイスラム教徒が人口の大半を占め、二万四千以上のモスクがあり、一人当たりのモスク数は米国をはるかに凌いでいる。仏教や道教の寺院も中国全土に存在する[2]。

中国は政教分離の世俗国家だが、一九六六年から一九七六年の文化大革命という暗黒の時代に支配的だった反宗教的な考え方からは、ずいぶん遠ざかったと言える。憲法においても、以下の簡潔な補足説明で、信仰の自由を保護している（第三六条）。「いかなる国家機関、社会組織または個人も、市民に対し、いかなる宗教を信じることまたは信じないことを強制してはならず、いかなる宗教を信じるまたは信じない市民を差別してはならない。国家は、正常な宗教活動を保護しなければならない。何人も、宗教を利用して公の秩序を乱し、市民の健康を害し、または国家の教育制度を妨害するような活動をしてはならない。」

そして最も重要なことは、「**宗教団体及び宗教上の行事は、外国勢力による支配を受けてはならない。**」としていることである。

つまり、基本的には、宗教団体にカラー革命の匂いがついていない限り、礼拝の自由は憲法で保護されているのだ。

教会、モスク、仏教寺院を合法的に運営し、中国の包括的な国家的優先事項に適合させるためには、政府の認可を受けることが必要であるにもかかわらず、何千もの地下教会が中国全土に存在することも事実だが、ほとんどの場合、政府関係者は見て見ぬふりをしている。

しかし、こうした無許可の教会とＮＥＤ、フリーダムハウス、オープンドアーズ（いずれもＣＩＡとの強いコネクションがある）[3]などとの間にコネクションがあることが判明すれば、それらは速やかに解散させられる。

中国政府の宗教団体に対する非自由主義的な姿勢を批判する欧米人の多くは、現代の戦争の形態が、標的国の内部への潜入、文化的操作、心理作戦、非対称戦争に大きく依存しているという事実を見落としがちである。そのような戦争を狙う組織の一つが、ＮＥＤが後援するチャイナエイド（ワシントンとテキサスに本拠を置く）であり、中国本土における広範な文化戦争の拠点として、地下教会のネットワークに資金を提供しコーディネイトしている。

中国を弱体化させるための隠れ蓑として、宗教細胞を利用するこの手法は目新しいものではなく、実は一六〇〇年以上前の太平天国の乱まで遡る。

太平天国の乱の流血

「太平天国の乱」（一八五一年〜一八六四年）とは、儒教を捨ててキリスト教に改宗した洪秀全《ホンシュチュエン》（Hong Xiuquan）が偽キリスト教カルト教団「太平天国」を興し、漢民族による農民反乱を引き起こした流血の大惨事のことだ。これを契機に、イギリス東インド会社が第二次アヘン戦争（一八五六年〜一八六〇年）で中国を一気に滅ぼすことになった。

熱狂的な信者に男神と称された洪秀全は、一八四三年、プロテスタントの宣教師を装った英米の情報工作員によってリクルートされた便利な間抜け（useful idiot）に過ぎなかった。彼は、やがて自分がイエスの兄弟であると確信するようになった。その啓示を受けた洪は、中国から悪霊を一掃することに狂信的にのめり込んでいった。しかし、その悪とは、第一次アヘン戦争（一八三九〜一八四二年）で中国を苦しめた大英帝国の手先でもなく、何百万人もの同胞の人生を破壊した麻薬の弊害でもなかった。洪が根絶やしにすることに夢中になった「悪霊」は、儒教や仏教の考え方全般であり、特に中国を支配する政府だったのだ！

洪が啓示を体験した年（一八四二年）は、中国が、第一次アヘン戦争に敗れて、香港を

BREAKING FREE OF ANTI-CHINA PSYOPS

大英帝国に明け渡し、貧しく、薬物の流入が大幅に拡大した薬物中毒の国への転落が始まった年である。アヘンの輸入は一八五〇年までに年間三二〇〇トンに急増し、中国全土の省がアヘンの栽培を余儀なくされ、増大し続ける需要に応えるようになった。中国国内で生産できない分は、イギリスが支配するインドやオスマン帝国から供給された。

　中国の救世主、洪は、太平天国と称する新政府を樹立し、一八五一年までに中国南部の三分の一を支配下に置き、南京を首都とした。太平天国の政治プログラムは洪のキリスト教に、貧しい農民の間で三千万人を超える信者を集め、彼らはこの偽宗教の下ですぐに改宗させられた。その魅力の一端は、すべての財産を平等に分配し、私有財産を持たないとい

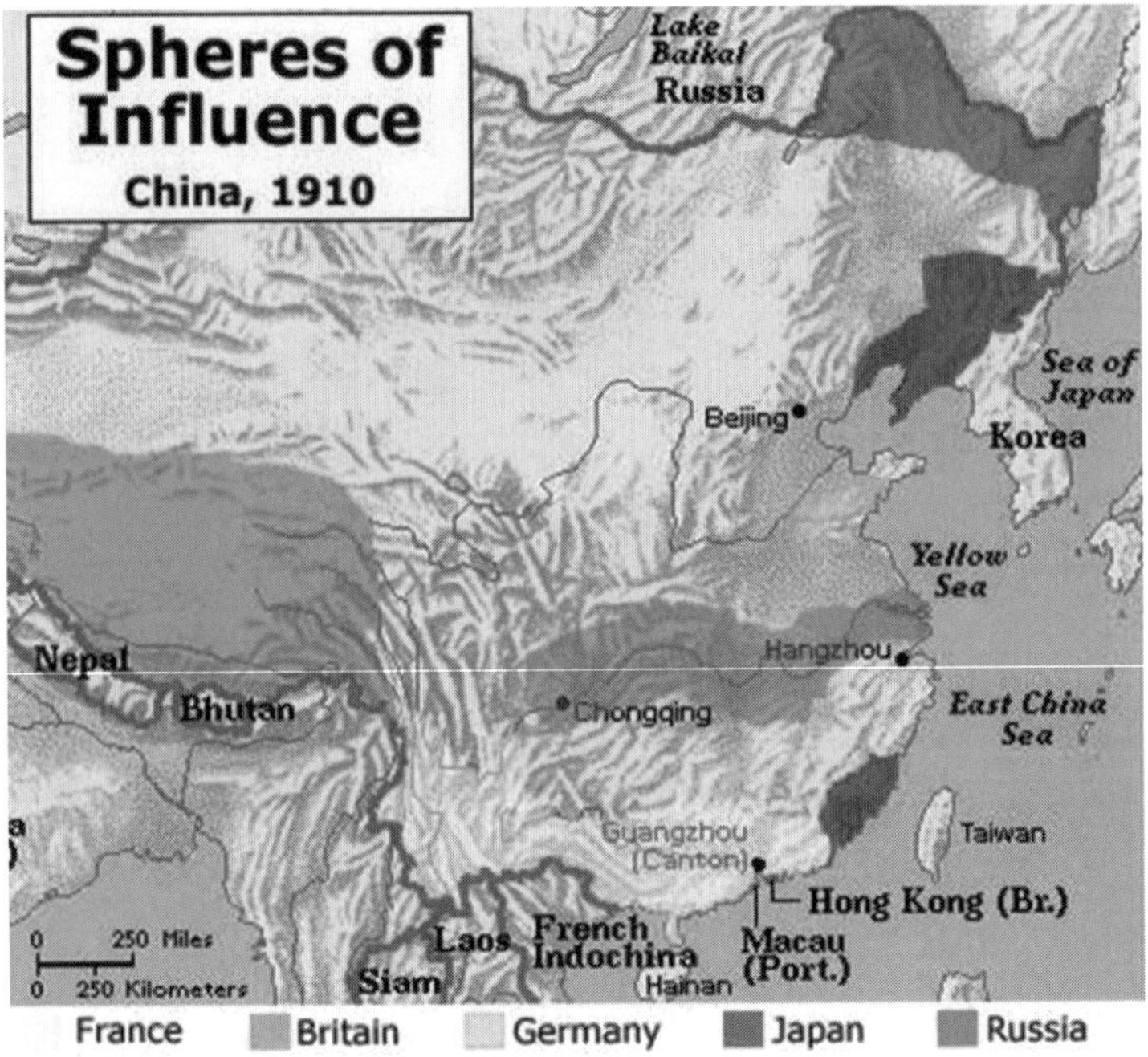

う太平王国の政策にあった。

洪の従兄弟で、犯罪のパートナーであり、香港でイギリス人の手ほどきを受けた洪仁玕《ホンジェンカン》（Hong Jen-kan）は、一八五九年、南京の太平天国司令部に戻ったとき、こう記している。

「現在、イギリスは世界で最も強大な国家であり、その理由は優れた法律にある。イギリス人は知力と国力に優れ、元来誇り高く、他国に従属することを嫌う。[4]」

著名な歴史家であるマイケル・

ビリントンは、ケイレブ・クッシングの代理人であった中国のプロテスタント宣教師W・A・P・マーティンが、反乱の混乱の中でクッシングに書き送った、以下のような書簡を引用している。「清王朝は、老衰が進みすぎていて、改革の有望な見通しを立てることはできないが、今ならおそらく、若いライバル（太平天国）を認めるという方便を考えるだろう、時代の精神を受け止め、内陸の宝の鍵を開け、無制限の貿易への門を開くように説得することができるだろう（中略）分割と征服が、東洋の排他性の城を襲撃する際に採用すべき策略だ[5]。」

ここで念頭に置いておくべき重要なことは、クッシングは米国ボストン・エリートの代表的な人物で、イギリスと協力して世界的なアヘン貿易で財を成し、合衆国憲法の精神そのものに常に敵意を抱いていたということだ。クッシングとその仲間のエリートたちは、この頃、太平天国がまだ東方で活動している間に、アメリカで並行して南北戦争を起こすための下準備を懸命に進めていたのである[6]。

大英帝国が第二次アヘン戦争における中国の屈辱的な降伏の条件を交渉する際に使った交渉材料のひとつが、太平天国を中国の正当な政府として認めるという脅しであった。

北京は長年にわたる内戦で酷く消耗していたため、この脅しに簡単に屈し、イギリスが要求するあらゆる条件に同意した。その結果、一八五八年の天津条約と北京条約によって、外国人宣教師（しばしば外国の諜報活動のための隠れ蓑）の無限のアクセス権、無限の麻薬生産権、自由貿易権などが認められて、中国はその後何年も不平等に苦しむことになる。

一八六〇年に第二次アヘン戦争が終結するころには、イギリス人はもはや、偽宗教を維持する必要はないと考え、自分の蚕《かいこ》から絹を全部取り出した養蚕農家のように、政府と協力して宗教を廃棄することを進め、一八六五年までにはついに絶滅させた。

この内戦で三〇〇〇万人の中国人が死亡した事実は、今でも中国人の心に重くのしかかっている。


反乱とアヘン戦争の結果、平均寿命は短くなり、一九〇〇年までに中国国内では二万二六〇〇トンのアヘンが生産され、国内で使用されていた。貧困が蔓延し、イギリスかぶれのフリーメーソンのグループが、HSBCが世界の麻薬取引を先駆けて行った香港の三合会（犯罪組織）を形成した。中国人の精神が打ち砕かれた結果、反キリスト教の義和団が反旗を翻したが、それが、英米の帝国勢力が家屋や鉄道、人命に対する損害賠償という名目で中国をさらに切り刻むための都合の良い口実になった。

一九一〇年、リンカーンに触発された孫文の共和国革命が中国を勝ち目のないグレートゲームから解放するわずか一年前までに、ヨーロッパと日本の帝国勢力は中国の領土の大部分を掌握していた[7]。

キリスト教やイスラム教に見せかけた隠れ蓑を被った宗教セクトや、アジアのサイエントロジーのような法輪功カルトを主宰する李洪志のようなイカれた亡命救世主——文字通り、自分が異次元の宇宙人から人類を救うために神に命じられたと信じている[8]——の存在を見ると、習近平は、中国国内と海外の両方で対処すべき実に面倒な問題を抱えている。

ニューヨーク北部の四〇〇エーカーの敷地に住み、エポック・タイムズを含む膨大な数の文化・情報プラットフォームをコントロールする李洪志は、亡命中国人コミュニティの最悪の連中と結びついた影響力を持ち続けており、合理的に考える人なら誰でも、中国政府がなぜ、法輪功のようなカルトやその他多くの宗教団体に対してそのような立場を取ったかを理解できるはずだ。

次章では、イエズス会、ロンドンのタヴィストック、そして自由世界を脅かす他の精神的毒に焦点を当て、中国における心理作戦《サイオプ》のもう一つの側面をより深く見ていくことにする。

注

［1］*Secretary-Genral's address to the 76th Session of the UN General Assembly*, September 21, 202

［2］ウイグル人虐殺神話への反論は、以下を参照。'Debunking the Myth of China's anti-Muslim Genocide Campaign' https://youtu.be/g九erXi四vdng

［3］'CIA's Hidden Hand in "Democracy" Groups', by Robert Parry, *Consortium News*, January 8, 2015

［4］'200 Years of British Drug Wars', cited by Billington, *EIR*, Feb. 27, 2009

［5］ibid.

［6］'Understanding the Tri-fold Nature of the Deep State', by Matthew Ehret, Strategic *Culture Foundation*, November 3, 2020

［7］'Sun Yat-sen's Advice to Young Revolutionaries', by Matthew Ehret, *Rising Tide Foundation*

［8］'Intervew with Li Hongzhi' by William Dowell, Time, May 10, 1999および本書の付録を参照のこと。

第八章
イエズス会、タヴィストック研究所による
中国の心を狙う戦い

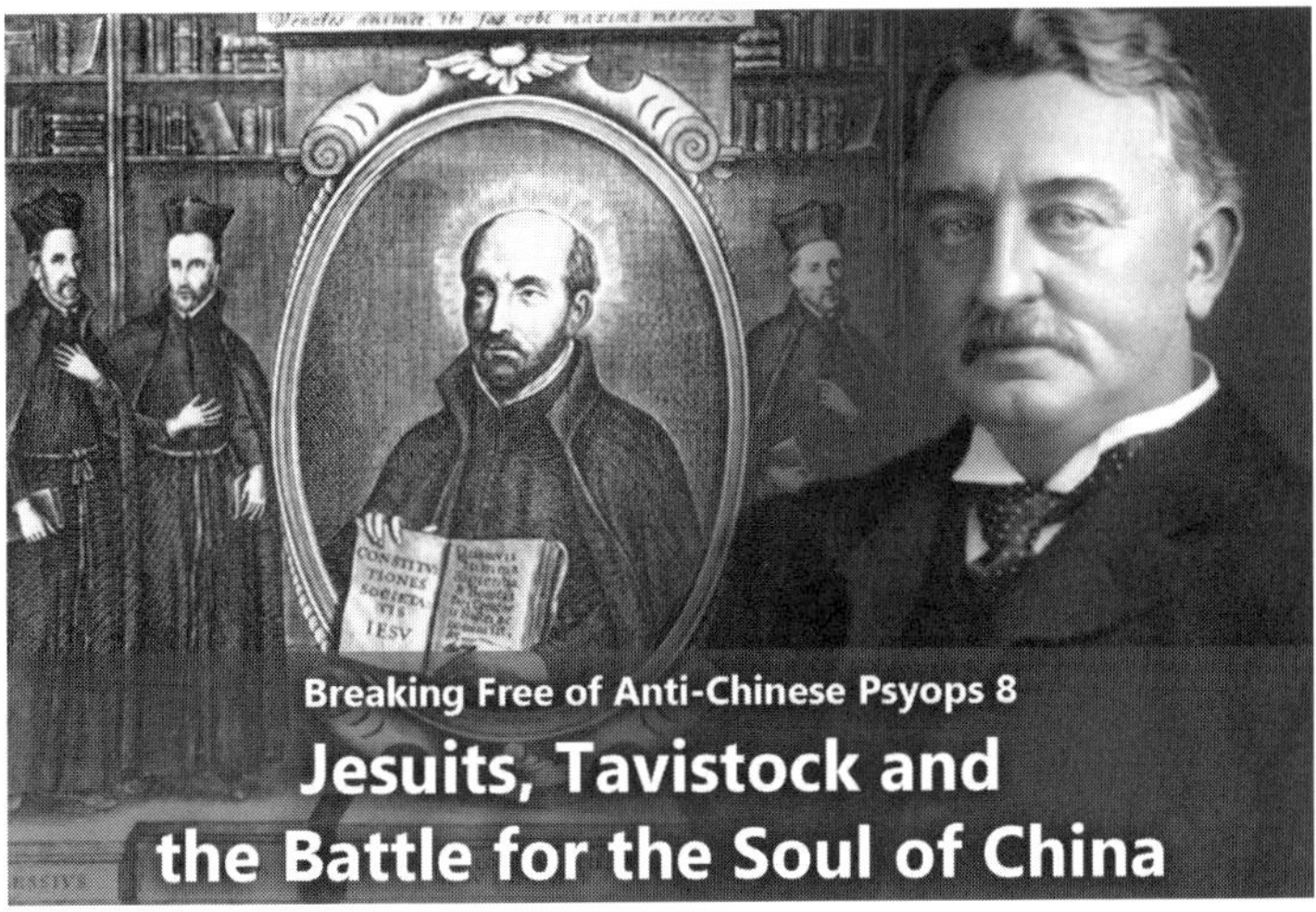
Breaking Free of Anti-Chinese Psyops 8
Jesuits, Tavistock and
the Battle for the Soul of China

マッテオ・リッチ（一五五二〜一六一〇）、アダム・シャル（一五九一〜一六六六）、フェルディナンド・ヴェルビエスト（一六二三〜一六八八）、ジュゼッペ・カスティリオーネ（一六八八〜一七六六）といった、誠実で善良なイエズス会の布教者が中国に多くいた一方で、一五四〇年にスペインの傭兵イグナチオ・ロヨラによって設立されたイエズス会を監督する複雑怪奇な組織の中には、何か暗いものが潜んでいるようだ。中国と米国を内側から破壊するために実行されている種々の作戦（オペレーション）について完全に知ろうと思うなら、世界史におけるこの秘密部隊の果たした役割についてじっくりと考えてみることをお勧めしたい。

現在では、イエズス会が遂行したもろもろの作戦の破壊的な役割を歴史的事実だと捉える者は少ないが、陰謀というものは現実にあり得ることであり、陰謀による出来事は世界の歴史の一部であると考える共和主義的な人々の間では、今よりも広く知られていたことだ。[1]

イエズス会に光を当てる炯眼の人たち

詩人であり劇作家でもあったフリードリヒ・シラーは、一七八八年に『パラグアイのイエズス会政府』を執筆し、イエズス会宣教師の逮捕によって、「神に呪われている」ヨーロッパ人入植者を殺すよう先住民を訓練するための暗号マニュアルが見つかったことを報告している。シラーのレポートに登場するイエズス会士は、キリスト教をモチーフにしたハイブリッド宗教を作り、自分たちを天使と名乗った。自分たちの教え（原住民の言語で書かれたもの）を「神の天使が人々のもとに降りてきて、人が天国に入る方法と神の敵を滅ぼす術を教える」と表している。

その一〇〇年前、有名な科学者であり神父であったアントワーヌ・アルノールは、次のように書いている。「もしあなたが、あなたの国でトラブルを起こし、革命を引き起こし、国を完全に破滅したいと思うなら、イエズス会師たちを呼び寄せることだ。（中略）この熱血宗教家たちのために壮大な大学を建設し、独断的で教条的な口調で、あの大胆な司祭たちに国政の決定を任せるのだ。」[2]

カナダにおけるイエズス会の作戦行動について、先住民の信仰と聖書を混ぜた偽カルトを作って、入植者のテロ作戦を展開したことを、歴史家のグレアム・ローリーは『国家はいかにして勝ち取られたか』(*How the Nation Was Won*)(一九八七)の中でこう述べている。

「イエズス会によって改宗させられた北部の部族、ヒューロン、アルゴンキン、ペノブスコット、ペクアウケット、そして特にアブナキス族は、ニューイングランドの北東部と西部の開拓地への攻撃に繰り返し投入された。イエズス会の司祭に率いられ、インディアンたちはケネベック川、コネチカット川、メリマック川を攻撃し、虐殺と焼き討ちを繰り返した。フランス人将校はほんの時折加勢しただけだ。北東部の植民地に対するこの脅威は、アメリカ独立戦争まで取り除かれることはなかった。」

アメリカ革命によって、植民地住民がイエズス会の仕掛ける襲撃(広範な分断と統治戦略の一環として、しばしば残忍で不当な報復を引き起こした)から解放されただけでなく、教皇クレメンス一四世は一七七三年にこうした襲撃を企むイエズス会の強制的解散を命じる大勅書を発し、極めて不吉なことを言った。

「弾圧は達成された。私はそれを悔やまない。すべてを検討し、吟味した上で、教会のために必要だと考えたからこそ、決断したのだ。もしそれがまだなされなかったら、私はすぐにでもそれを行うだろう。しかし、この弾圧は私の死となるだろう。」

数カ月後に、教皇は毒殺された。

好戦的な教皇に復讐を果たしたものの、イエズス会は大きな打撃を受け、五〇年近くの期間、活動拠点をより安全なロシアの地に移してしまった。この間、彼らの陰謀は途絶えることなく、フランスの革命家マルキ・ド・ラファイエットは、アメリカ独立戦争の熱気の中で次のように書いている。

「もしこの国（アメリカ合衆国）の自由が破壊されるとしたら、それはローマ・カトリックのイエズス会司祭の巧妙な手口によってであろう。彼らはヨーロッパの戦争のほとんどを扇動してきたのだから。」

一八一四年、ウィーン会議が始まったばかりの頃、教皇ピウス七世によってイエズス会の禁止令が解かれた。この会議は、二〇年にわたるナポレオン戦争で荒廃したヨーロッパ全土に、再び寡頭制の冷酷な支配を復活させた。キッシンジャーは、この時代が歴史上最も素晴らしい時代だったと言った。[3] オーストリアのメッテルニヒや新しい神聖同盟と密接に協力し、イエズス会は秘密の傭兵部隊としてヨーロッパ全域の支配を維持するための有力な力となった。

アメリカの発明家で芸術家のサミュエル・F・B・モースは、一八四一年に出版した『アメリカの自由に対する外国の陰謀』(*Foreign Conspiracies Against the Liberties of the United States*)の中で、その多くを暴露している。

「このオーストリアの協会(聖レオポルド財団)の活動を調べてみよう。この財団は、私たちの周りで、そう、この国で、懸命に働いているのだから。(中略)ウィーンに本部があり、メッテルニヒの直接の指導と監督のもとに、(中略)すでに共和国(アメリカ)中にその存在感を表している。その使者たちがここにいるのだ。その使者とは誰なのか。イエズス会である。この男たちの組織は、二〇〇年以上にわたって暴虐の限りを尽くした後、ついには世界にとって非常に恐ろしい存在となり、あらゆる社会秩序を根底から覆す脅威となったため、教皇(クレメンス一四世)さえも彼らを[一七七三年に]解散させる必要に迫られた。しかし、教皇庁と専制君主の影響力が弱まり、民主的自由の光に抵抗するために彼らの有用な労働が必要となるまでの五〇年間も、彼らは弾圧されることはなく、教皇（ピウス七世）は神聖同盟の形成と同時に、イエズス会をその全ての力とともに復活させた。アメリカ人にイエズス会が何であるかを説明する必要があるだろうか？　知らないものがもしいるならば、すぐにその歴史を学ぶがよい。時間を無駄にしてはいけない。彼らの所業は目の前で日々起こっている出来事に見ることができる。彼らは秘密結社であり、フリーメーソンの一種で、忌まわしい悪趣味をさらに加えた、千倍も危険なものである。彼らは単なる神父とか、ある宗教信条の神父ではなく、商人、弁護士、編集者、あらゆる職業の人間であり、（この国では）外見上はそういうバッジを付けてはいないので、それとは認識されない。彼らは、その一つの大きな目的、つまり彼らがそのために派遣された目的を達成するために、光の天使、あるいは闇の使者など、どんな性格の者にもなり得るのだ。[4]」

ロシアの作家ドストエフスキーは、彼らの邪悪なやり方をこう指摘した。「イエズス会は、将来、ローマ教皇を皇帝とする帝国が世界を支配するためのローマ軍に過ぎなくなる。それは単純な権力欲、汚れた地上の利益、支配欲、つまり自分たちを主人とする普遍的な農奴制のようなもので、それが彼らの主張するすべてである。彼らはおそらく神さえも信じてはいない。」

セシル・ローズのイエズス会憲法

セシル・ローズまでもが、一八七七年の遺言[5]で、「イエズス会の憲法」をモデルに新しい大英帝国の教会を創ることを呼びかけ、フェビアン協会は、文化、嗜好、政治のあらゆる領域において影響力を持つために、この浸透法を直接のモデルとした。

セシル・ローズの円卓会議の中心人物であるW・T・ステッドは、ローズについて次のように書いている。「ローズ氏は王朝の創始者以上の存在であった。彼は、イエズス会のように、世界の歴史の中で非常に大きな役割を果たしてきた巨大な半宗教的、準政治的団体の創設者を目指したのである。より厳密に言えば、彼は王朝の意思の道具として教団を創設することを望み、生きている間はシーザーでありロヨラでもあることを夢見たのである[6]」。

南アフリカとジンバブエの大部分を統治していた頃、ローズは、教会を数多く建てられるだけの広大な土地を確保し、南アフリカ最大の土地所有者となった。

イエズス会が運営する『アメリカ・マガジン』は、「二〇世紀初頭、カトリック教会は、当時の多くの教会と同様に、宣教活動のために植民地行政官から土地交付を受けた」と自慢げに書いている。さらに、「イギリス植民地時代の起業家の巨人の一人であるセシル・ローズは、新しく獲得した領土に教会、中でもカトリック教会を招き入れた。その後、カトリック教会は、特にイギリス領アフリカにおいて、植民地政府と密接に協力するようになった。」[7]

雪は黒くなる。タヴィストック研究所の場合

ロンドン・タヴィストック研究所の社会工学者《ソーシャル・エンジニア》だったウィリアム・サーガントは、イエズス会のマインドコントロール技術の研究を行い、著書『心の支配のための戦い』(*Battle for the Mind*)（一九五五年）によって、その後七〇年間の文化戦争に多大な影響を与えた。タヴィストック研究所とは関係の深い哲学者バートランド・ラッセルは、『科学の眼』(*The Scientific Outlook*)（一九一九年）の中で次のように述べている。

「過去に至る所で研究された心理学は、精神的なプロセスを実用的に制御することができず、しかもこれを目指したことはなかった。しかし、これには一つの重要な例外がある。すなわち、イエズス会が研究した心理学である。世界の他の人々が最近になって理解したことの多くは、イグナティウス・ロヨラが捉え、彼が創設した教団に刻印したものである。現代の進歩的な心理学者を二分する二つの傾向、すなわち、精神分析と行動主義は、どちらもイエズス会の実践の中で等しく例証されている。私は、全体として、イエズス会は主に自分たちの訓練のために行動主義を、そして悔悛者に対する力の行使のために心理分析を応用していたと言うことができると思う。[8]」

この『科学の眼』を著すわずか八年前、ラッセルは北京で教鞭をとり、ボルシェヴィキの影響を受けた中華民国成立の中で有力な地位を築きつつある若いエリートたちの心に、「西洋哲学と科学」についての独特の解釈を持ち込んだのだった。

イグナティウス・ロヨラの瞑想が、神がそう信じることを望むなら、白は黒であると信じるよう修行者を誘導する自己催眠のマントラ《真言》を持っていたように、[9]ラッセルはこの同じマントラの拡張を、一九五四年の『科学は社会を震撼した』(*Impact of Science on Society*)

で詳しく説明し、精神科医のチームを招集して、若者に雪は黒だと信じさせるのにどれだけの費用がかかるか調べることにしたのである。

「やがて、国家から提供された資金と設備が十分にあるなら、若い患者を捕まえて、彼に何でも信じ込ませることができるようになるだろう。（中略）このテーマは、科学独裁の下で科学者によって取り上げられれば、大きな進歩を遂げるだろう。アナクサゴラスは、雪は黒いと主張したが、誰も信じなかった。未来の社会心理学者は、多くの子どもに対して、雪は黒いという揺るぎない確信を得させるためのさまざまな方法を試してみるだろう。やがて、さまざまな結果が得られるだろう。第一に、家庭の影響は妨害になること。第二に、一〇歳以前に教え込まなければ大きな成果は得られないこと。第三に、音楽に合わせた詩を繰り返し唱えることは非常に効果的であること。第四に、雪は白いという意見を持つことは、奇異なものに対する病的な嗜好を示すものと見なさなければならないということ。これらの公準を明確にし、子供たちに雪は黒いと信じさせるのに一人当たりいくらかかり、濃い灰色だと信じさせるには、それよりいくら安く済むかを正確に発見するのは、将来の科学者の役目である。[10]」

一九六〇年代のカウンターカルチャー運動の多くを裏で操ったロンドン・タヴィストック研究所の活動は、欧米の文化に対してのみ影響力を発揮しただけであって、中国に対しては何ら関係のないものだと考える人もいるかもしれない[11]。

中国は、文化大革命によって、若者の集団を儒教の伝統に敵対する急進的な紅衛兵に変えたことによる精神的な傷は癒すことができたが、若者の心と魂は、人類の運命がかかった主要な戦場である以上、今もそこに潜む危険性に目を向けることは重要である。

習近平がオンラインゲーム中毒、男性の女性化、有名人の神格化を取り締まるのは、この点で、青少年を守るために不可欠である。彼らの魂は長い間、欧米の社会工学者たちが、現代のアヘン戦争の形をとって、汚染の対象にしてきたのだ。

しかし、未来のリーダーとして登場してくる若いエリートたちはどうだろうか？　ビデオゲーム中毒や有名人崇拝を取り締まるだけで、彼らを守ることができるのだろうか？　エリートのレベルでは、他にどのような危険が待ち受けているだろうか？

永遠の女性のための財団

あまり深入りすることはしないが、システム分析の第一人者であるデヴィッド・ホーク（タヴィストックのエリック・トリストの弟子）が二〇一五年に設立した数十億円規模の「永遠の女性基金」[12]がどういうものか、読者に知ってもらいたい。この北京と米国に拠点を置く奇妙な財団は、中国の若いエリートの中で驚くほど大きな割合を占める億万長者の娘や孫たちの中から、「中国のジャンヌ・ダルク」という新しい世代を作り出すと公言している。この世代は、一九七九年以降、趙紫陽を中心とするローマクラブのマルサス主義者によって行われた一人っ子政策のもとで生まれた世代だ。

ディヴィッド・ホーク

この組織の起源について、ホークは以下のように述べている。

「二〇一五年、私はドナルド・トラン

プが次の大統領になることを恐れていました。そこで、私は中国で『永遠の女性基金』と銘打った財団を立ち上げ、何人かの人たちに協力してもらったのです。その人たちは、中国で非常に大きな会社を所有する富豪の何人かを説得しましたが、彼らの子どもには一人娘だけだったのです。息子はいない。彼らは六億五〇〇〇万ドルをこの財団に寄付してくれました。（中略）気候変動に対する人類の備え、女性が組織の責任者となり、特に、気候変動と我々が名づけた事態の中で、リーダーとなるための備えでした。つまり財団の関心事は、気候変動の問題と、今後三〇年、四〇年、五〇年の間にリーダーシップを発揮する人材をどう育てるかということだったのです。[13]」

このオペレーションにリクルートされた若い中国人女性は、財団が米国に数カ所所有するエリート用リゾートで、自然の調和と道教を再び結びつけ、儒教やプラトン主義といった男性的な毒性を世界から取り除くために、非常にヘビーな訓練を受ける。

ホークは、二一世紀の中国にとって、どの哲学的な道筋が最適かをめぐって、財団執行委員会の主要なメンバーである中国人たちと議論したときのことを、次のように語っている。

（永遠の女性基金のウェブサイト上の代表的なページでは、タヴィストック流カルト宗教の創作戦術を駆使して、多くの王女相続人を誘惑し洗脳しようとしている。）

「私は、中国は孔子を超えるべきだと主張しました。孔子は彼らのために役立っていない。秩序・規律が多すぎる。安定しすぎている。規則に従うべきことが多すぎる。要するに、中国は老子の知恵に立ち返り、儒教的な考え方を捨てる必要があるのです。」

財団は、その設立目的を「女性性と、これまでの男性性との差異を活用することである」と説明している。

「私たちは、自分が何者で、何になるべきかについての広い視点を通じて、わたしたちのさまざまな世界との関係を改善することに、これまでよりも成功することができるかどうかを見たいと考えています。私たちは、女性の人生観が、生命システムに変化をもたらすと信じています。財団の研究・訓練機関は、上海とニューヨークという二つの都市に活動拠点を持ち、アメリカ東部と中西部の田園には、内省の訓練のための瞑想所が二つあります。これらは、財団の基礎であり、また輝かしい未来を予感させるものです。すべての機関には、自分たちが何を守り、永続的にどうありたいかを示すシンボル、アイコンが必要です。」

財団のウェブサイトには、子供、漢詩、レナード・コーエンの音楽、蝶、ドミネトリックス（レディ・ルーの人気アルバム）の画像とともに、ＭＫウルトラ計画（中央情報局科学技術本部がタビストック人間関係研究所と極秘裏に実施していた洗脳実験のコードネーム。米加両国の国民を被験者として、一九五〇年代初頭から少なくとも一九六〇年代末まで行われていたとされる「ウィキペディア」）のグレゴリー・ベイトソンが大きく描かれている（前ページの画像参照）。

中国の上流階級の姫君の魂に入り込もうとするこの文化的侵入路を無視する者は、立ち止まって、一九四〇年代から一九五〇年代の、欧米のベビーブーマー世代に対するタヴィストックの多面的な戦争が果たした役割が見過ごされた結果、何が起こったかを考えるべきだ。「一九八九年に中国のゴルバチョフはどのように追放されたか」（第九章参照）で概説するように、欧米寡頭制による趙紫陽の主な利用方法は、普遍的なエントロピーの法則を前提とした静的平衡の閉鎖システムを中国の国家経営に押し付けることだった。[14]

このような考え方の流れを受けて、ホークの財団は、永遠の女性というものは、「熱力学の第二法則と一致しており、それは教育において事実上無視されている科学のルールの一つである」と述べている。

幸いなことに、習近平はホークの財団がもたらす危険性を理解しているようで、中国政府はホークが組織を率いるのを阻止するために介入し、彼の代わりに若い中国最大のビール会社の後継者（女性）を会長に就かせた。このことについてホークは、現政権が自分の逮捕を望んでいるようだと述べている。

フランシスコ教皇、中国との融和を図る

現在、中国の将来について、イエズス会は直接的に圧力を行使しているが、イエズス会出身のフランシスコ教皇が、バチカンを、（一九五一年に毛沢東によって、断絶された）中国のカトリック教会の支配的地位に戻そうと努力した結果、二〇一八年に「中国―バチ

カン暫定合意」が結ばれた。この合意では、北京政府に対して、すべての潜在的な教会関係者が中国のカトリックのコミュニティで任に就く前に、ローマ教皇の承認を得ることを要求している。ローマ教皇が、キリスト教を、文明の解体、パリ協定、グリーン・ニューディールと一体化させて、グリーン化させようとしていることを考えると、これは無視できない警鐘である。

これらの事実を考慮すると、中国が社会信用システムの利用、CCTVによる監視、宗教運動の規制を重要視している理由は、『エポックタイムズ』の熱心な読者であっても理解できるはずである。

裏切り者の粛清

習近平が心を配らなければならないことは、単に文化戦争や宗教カルトの問題だけでなく、中国の政府やビジネス界のいろいろな分野が、外国の指示に従って活動するエージェントの巣窟になっているという問題もある。

これら不気味な人物の多くは、一九八九年にソロスの傀儡《かいらい》である趙紫陽が追放され、政権交代の動きが天安門広場で鎮圧される中で粛清された。[15] 他の裏切り者たちは、一九九七年に香港が北京に返還されるまでの数カ月間[16]の内に急いで去って行った。シティ・オブ・ロンドンに忠実な多くの寡頭支配者も、北京の裁判所からどんな運命が降りかかるか分からないまま、イギリス領カナダと米国に、より安全な逃げ場を求めることに決めた。

さらに、江沢民元国家主席のネットワークに属する孫立軍《ソンリジュン》（Sun Lijun）元公安部長とその側近が最近粛清されたことを含め、習主席が二〇一二年から開始した徹底した反腐敗プログラムの期間に粛清された者もいる。[17]

孫立軍を追放するにあたり、党の規律委員会は、孫元部長が「他者への政治的な風評を捏造し、広め、行動を起こし、政治資金を得るために詐欺のネットワークを組織し、（中略）無節操な手段を使って、党内にギャング、徒党、利益集団を形成し、個人的な力を構築した」と述べている。

二〇一八年に終身刑となったもう一人の中国ディープ・ステートの主要な工作員は、他ならぬ中国国家安全部の元副部長である孫立軍《マージアン》（Ma Jian）であり、スティーブ・バノンの親友マイルズ・グオと緊密に連携しながら活動し、中国国民と中国共産党の主要メンバーの両方を同様に監視する中国国内の影の政府を長年主導してきた。

このような中国国内の対立するパラダイム間の戦いを眺めると、世界経済フォーラムの評議員であるジャック・マー（江沢民の上海派閥のメンバー[18]）の裏切りがどれほど危険なものであったかを窺い知ることができよう。彼は、中国共産党の経済パラダイムを傲然と批判し、結果、杭州にある自分の豪邸に追いやられて冷や飯を食わされることになった。

ちょうど一七七六年のアメリカ合衆国のように、多くの「団結した帝国支持者」は居残ることを選択し、他の支持者はより安全な地であるイギリス領カナダに去った[19]。残留した者たちは、愛国心の皮を被った新しい地方寡頭勢力を形成しながら、セシル・ローズが描いたように、反逆の植民地を再び帝国に取り込むための攻撃の機会を狙って、秘密裡に活動した。

注

［1］メーソンのイニシエーションのレベルに沿って組織され、心理的な浸透訓練、および絶え間ない試験で、多くのテストに「合格」し、適正を備えた者とみなされる才能あるイエズス会師は、ある種の気づきに導かれる。最も重要な気づきのひとつは、罪の行為は罪を犯した人の責任ではない、ということ。ロヨラの『黙想録』の中で説かれている困難な心理的条件付けは、罪を所有するのではなく、信者が自分の行いの罪を、高所から命令を下す指揮官に譲るように説得し、階層構造の頂点にいる最高司令官が罪の究極の源であることを示す。

［2］*The Jesuits in History* , by Hectort Macpherso, Macniver and Wallace, 1914に引用されている。

［3］'Kissinger's Adoration of the 1815 Congress of Vienna: A Master Key into Universal History', by Matthew Ehret, *Strategic Culture Foundation*, September 6, 2019

［4］*Foreign conspiracy against the liberites of the United States* , by Samuel B. Morse, NY Chapin publishing,1841

［5］*The last will and testament of Cecil John Rhodes: with elucidatory notes to which are added some chapters describing the political and religious ideas of the testator, Cecil Rhodes* , ed. by W.T.Stead, 1912

［6］*Last Will and Testament of Cecil John Rhodes*, p.56

［7］*The Catholic Church and Zambia's Elections*, by Brendan Carmody, America: The Jesuit Review, March 4,2002

［8］*The Scientific Outlook*, Bertrand Russell, Ruskin House p.176（『科学の眼』、バートランド・ラッセル、創元科學叢書，二三五

［9］ロヨラの『霊的黙想録』（*Spiritual Meditations*）の「規則一三」には次のように書かれている。「全てにおいて正しくあるために、常に保持すべきことは、もし、花婿である主キリストと花嫁である教会の間に、魂の救済のために私たちを支配し導く同じ霊が存在すると信じ、階級組織の教会がそう決定するならば、私たちが見る白は黒であるということである。」

［10］*Impact of Science on Society* , by Bertrand Russell, AMS Press NY, 1954,p. 14（バートランド・ラッセル著『科学は社会を震撼した』、角川書店）

［11］'Cultural Warfare in the 20th Century: How Western Civilization Came Undone' ,by Matthew Ehret, *Strategic Culture Foundation*, October9, 2021

［12］この奇妙な財団の公式サイトは、https://eternalfeminine.org。

［13］'Tavistock, Social Systems Science, Action Learning', by David Hawk, *System Thinking*, Ontario, August 10, 2020

［14］'Will Entropy Define the New World Paradigm?', by Matthew Ehret, *Rising Tide Foundation*, 2021

［15］'The Truth Behind the Myth of the 'Tiananmen Square Massacre' by Dr. Dennis Etler, *Military Watch Magazine*, June 6, 2019

［16］'For Honkongers, Canada is beaten path out of China's grip', *Business Fast News* UK, February 10, 2021

［17］'The hidden enemies in Xi's midst', *Greanville Post*, Oct. 7, 2021

［18］. 'The fear of Jack Ma and Shanghai faction makes Jinpiong go for another Purge in China to get rid of all dissenters', by Sohil Sinha, *TFI Global News*, March 7, 2021

［19］'The 1804 Northern Secession Plot and the Founding Fathers of the Deep State' by Matthew Ehret, *Strategic Culture Foundation*, October 6, 2020

第九章
一九八九年、ソロスの追放

Breaking Free of Anti-Chinese Psyops 9
How China Banned Soros in 1989

ハンガリーの投機家、そして慈善家、カラー革命家へと転身したジョージ・ソロスが、過去四〇年間にわたり国際情勢において果たしてきた悪辣な役割について知る人は、今日に至るまで非常に少ない。悲しいことに、この高齢のソシオパス《社会病質者》によって行われた組織的な殺戮に気づいた人々の多くは、次のような間違いを犯しがちである。一、この男が世界から国家をなくす国際的な陰謀を一人で実行した、と思い込むか、二、キリスト教に基づく西洋の秩序を転覆させようとする「悪の中国共産党」の手先である、と思い込むか。

国民国家を解体し、世界人口の多くを奴隷にするという陰謀（＝共同謀議）が存在することを認める人々の問題は、彼らの妄想が間違いだとか、米国内でカラー革命が起こったばかりだといったことではない。しかし、一七七六年から現在までに、米国が被ったほぼすべての主要な歴史的操作・工作の中枢であったイギリス情報機関の行ったことから注意をそらすために[1]、中国は、ソロスと提携して世界の覇権と「キリスト教的価値観」の転覆を追求するために欧米の深奥国家を動かす影の世界的超悪玉に見えるよう、誘導されているのだ。

事実はしかし、中国こそは三〇年以上前、世界の他の国々が夢遊病のようにポスト国民国家秩序に突入している間に、ソロスの悪を見抜き、粛清することに成功した最初の国だったということである。

繰り返しになるが、重要なポイントは以下の通り。他の国々がソロスのオープンソサエティ財団の軍団にあらゆるレベルで自国を侵食させるのに熱心になっている一方で、中国は悪の意図を見抜く知恵を持ち合わせていた。ソ連をレイプし欧米の代議制民主政治を解体して新時代を先導したのと同じ機関によって、天安門広場でカラー革命が試みられたとき、中国は、一九八九年にソロスの右腕として中国共産党総書記に就任し、老齢の鄧小平の後継者として政治権力の頂点に立った男を素早く排除した。

ソロスの右腕の名は**趙紫陽**《チャオズーヤン》（Zhao Ziyang）という。一九八〇年代にはすでに欧米のマスコミは彼を「中国のゴルバチョフ」と呼び慣わしていた。

趙紫陽とは何者か？

趙紫陽は、一九三四〜三五年の長征（国民党軍に敗れた紅軍が、中華ソビエト共和国の中心地であった江西省瑞金を放棄し、国民党軍と交戦しながら、一二、五〇〇キロメートルを徒歩で移動した）の時にはまだ十代だったが、すぐに中国共産党政権内で出世し、一九五一年には広東省の幹部となり、一九五八〜六一年の大飢饉の際には、食糧をため込んだ疑いのある農民を拷問する広範なプログラムを実施した。

趙紫陽

当時、それを評価する有力な勢力もあったようで、趙紫陽は出世街道を進み、ついに広東省の党書記の地位を得た。しかし、文化大革命の数年後、趙紫陽は紅衛兵の襲撃を受け、湖南省の機械工場で四年間働くことになり、運を使い果たした。一九七二年に誰もが予期しなかった政治への復帰を果した趙紫陽は、一九七三年に広東省の党第一書記兼革命委員会主席に就任し、再び頭角を現すことになった。一九七五年には四川省の党書記に就任し、規制緩和と市場原理を重視する彼の姿勢は、鄧小平政権下の改革開放初期に農業政策の改革に生かされた。

この時期、趙は信じられないほど急速に頭角を現した。一九七七年には政治局員になり、一九八〇年から一九八七年まで国務院総理を務め、それから一九八九年に不名誉な失脚を遂げるまで、中国共産党総書記を務めた。

今日、私たちは、ＷＥＦ（世界経済フォーラム）のクラウス・シュワブのような不気味なトランスヒューマニストやその他のテクノクラートが、第四次産業革命、すなわち人間と科学技術の融合について、浅はかにも賞賛するのを耳にすることに慣れている。機械、人工知能が人間の思考に取って代わるのは「必然」であり、自動化革命によって人間の労働力の大半が余剰となり、新たな「役立たず階級」が生まれるとされている。趙紫陽は、アルビン・トフラー（『未来の衝撃』と『第三の波』の著者）のようなトランスヒューマニストから多大な影響を受け、そのポスト工業化新時代の概念は、多くの点で現在進行中のグレートリセット計画のバイブルであったのだ。

一九八三年一〇月九日、北京で開催された会議で、趙は次のように述べた。

「第四次産業革命と呼ぶにせよ、第三の波と呼ぶにせよ、（これらの著者たちは）いずれも、一九五〇年代と一九六〇年代に西欧諸国が高度な工業化を達成し、現在は情報社会に移行していると考えている。今世紀末から来世紀初頭にかけて、あるいは数十年以内に、現在起きている、あるいはまもなく起きるであろう新しい技術の飛躍的進歩が、生産と社会のために使われるという新しい状況になっているであろう。それは、社会の生産性に新たな飛躍をもたらし、それに応じて社会生活にも新たな変化をもたらすだろう。この流れは、注目に値するものであり、今後一〇年から二〇年の長期計画を決定するためには、我々の現在の実情をベースに慎重に研究されなければならない。（中略）我々にとって、そして四つの近代化の未来にとって、これはチャンスであると同時にチャレンジでもある。」

四つの近代化をめぐる戦い

趙の言う「四つの近代化」とは、中国の偉大な国家建設者である周恩来が一九六三年に打ち出したもので、中国が近代技術先進国として新千年紀を迎えるための多世代にわたる計画である。周恩来の計画は、一、工業生産性、二、農業生産性、三、国防、四、科学技術の飛躍的進歩による総合的な経済・産業革命を軸としたものである。

一九七六年に周が死去し、その後すぐに毛沢東が死去する頃には、一九六六年から七六年の一〇年間に、数千年の歴史をリセットしようとした四人組が長く政権を維持できないことが明らかになり、周のプログラムが中国の長期的な発展戦略の原動力となっていった。

周の盟友である鄧小平が一九七八年に共産党のトップに立つと（四人組を投獄した後）、周の四つの近代化を実現するために中国共産党中央委員会の会議が開かれ、鄧小平は次の

鄧小平と周恩来、一九六三年

ように述べている。

「科学技術エリートの中から最も優秀な人材を数千人選び、彼らが研究に専念できるような条件を整えなければならない。知識を尊重し、訓練された人材を尊重する雰囲気を党内に作り出さなければならない。知識人を尊敬しないという誤った態度は、正されなければならない。精神的なものであれ、肉体的なものであれ、全ての仕事は労働である。」

鄧小平は、マルクス主義的な労働の概念を、単なる物質的な力から、創造的な精神的な労働へと高めたが、それは中国を新しく活気ある方向へと導き、アジアの巨人が数世代で経済大国となることを可能にした。しかし、科学的創造性や非線形の未来予測が議論されるとき、どのような哲学や道筋がその直線的でない目的を最適な形で達成できるのかについて、しばしば多くの議論や解釈の余地がある。そこで、当時西欧諸国を席巻していた新マルサス派のイデオローグたちが登場し、国家統治をめぐるオープンシステム論とクローズドシステム論の間で死闘が繰り広げられた。

キッシンジャーの中国における奴隷労働のヴィジョン

文化大革命の真っただ中の一九七一年に本格的に始まった、キッシンジャーによる中国開放計画は、ポスト国民国家の世界秩序を目指すイデオロギーが前提となっていた。

キッシンジャー（そして、ＪＦＫとその弟の死後、現代の舵取り役として米国の政策を掌握した三極委員会の仲間たち）は、（農業主導の人民による）第一次産業革命の中にあった一九七一年の中国人は、貧しく無学の労働者として静止状態にとどまり、純粋に欧米の消費市場に輸出するための商品を生産する安価な労働力として機能するべきだと考えた。欧米の消費市場は、かつての産業を必要とせず、キッシンジャーのプログラムの元で

キッシンジャーと毛沢東、中央が周恩来、一九七二年

は輸出の対象となる。欧米は、産業パラダイム（未来学者アルビン・トフラーは「第二の波」と名付けた）の下で想定される「成長の限界」に達したのだから。トフラーの提唱する「第三の波」である「ポスト工業化」の時代には、人類は情報駆動型社会へと「進化」することが予測された。

トフラーは一九七八年に自身の論文の中で、第三の波の出現と産業文明の陳腐化について次のように語っている。

「時代は今、急停止している。産業文明は今や末期的な危機に瀕しており、根本的に異なる新しい文明が世界の舞台でその地位を確立しつつある。我々は、これまで知られていたどのような技術よりも、はるかに高度で最適な技術に基づく、より洗練された新しい進化を遂げようとしている。歴史の新しい段階へのこのような飛躍は、新しいエネルギーのあり方、新たな地政学的取り決め、新たな社会制度、新たなコミュニケーションと情報ネットワーク、新たな信念体系、象徴、文化的前提をもたらす。（中略）したがって、まったく新たな政治構造とプロセスを生み出すはずである。私には、技術革命、社会革命、情報革命、道徳・性・認識の革命がどのように可能なのか、わからない。そして政治的革命も同様にわからない。（中略）この意味で、我々に既知の政府、つまり代議制による政府の崩壊は、主に陳腐化の結果である。簡単に言えば、工業化時代の政治技術は、もはや我々の周囲で形成されつつある新しい文明に適した技術ではないのだ。我々の政治は時代遅れなのだ。」

キッシンジャーがネオ・マルサス派であることは、周知の事実である。一九七四年の悪名高い「国家安全保障調査メモランダム二〇〇」（NSSM200）では、すでにアメリカの外交政策を開発推進から人口削減推進へと転換させていた。彼は、ローマクラブの『成長の限界』（一九七二）で使われたコンピューターモデルは、創造的理性と技術進歩を完全に否定しているにもかかわらず、何らかの事実による根拠があると仮定した。

NSSM200は、人口増加に対する改善策として、避妊と食料の限定的供給を挙げている。キッシンジャーは次のように問うた。「米国は、人口増加を抑制できない、あるいは抑制しようとしない人々を助けるために、食糧配給を続ける用意があるか？」

キッシンジャーの報告書は単刀直入だ。「米国経済は、海外、特に後進国からの大量の鉱物を必要とし、その量はますます増えるだろう。この事実は、供給国の政治的、経済的、社会的安定に米国が強い関心を持つ要因となっている。出生率の低下による人口増加圧力の緩和が、このような安定の見込みを高めることができれば、人口政策は資源供給と米国の経済利益に関連することになる。（中略）人口増加圧力が唯一の要因でないことは明らかだが、人口増加が緩やかかゼロである状況では、この種のフラストレーションはずっと少なくなる。」

キッシンジャー、トフラーをはじめとするローマクラブの支持者たちは、鄧小平の中国で台頭してきた新しいタイプの政治家たちの間で支持者に事欠くことはなかった。数学とコンピュータ・モデリングのフィルターを通して人類を見ることを好むこれらの新マルサス主義者は、急いで、国務院の影響力のある地位に潜入し、四つの近代化を反人類的目的のために利用しようとした。

トフラーの第三の波が中国の沿岸に押し寄せる

以下に紹介する人物たちはすべて、一九八〇年代を通じて常に彼らの保護者であり、世話役であった、趙紫陽という強力な人物のもとに集まった。

中国の一人っ子政策の立案者であり、趙の側近として知られるマルサス派の有力者の一人が**宋建**《ソンジアン》（Song Jian）である。彼はミサイル科学者で、一九五〇年代にロシアに留学した際にノーバート・ウィーナーのサイバネティクス理論の訓練を受けた。

一九七九年にフィンランドで開催された国際自動制御連盟の第七回世界大会に参加した後、宋はローマクラブの「成長の限界」モデルを知ることになる。研究者のロバート・ズブリン[2]によると、宋はすぐに原著者の名を伏せてこの書物を中国語に翻訳し、すぐにその線形モデルを使って、一世紀にわたる人口、汚染、資源損失の傾向を計算し、中国の最適人口（別称「キャリング・キャパシティ」）は六億五〇〇〇万〜七億（当時の人口より三億近く少ない）であると結論付けた。このローマクラブの考えは燎原の火のように広がり、すぐに中国の政策として採用された。その結果、史上最悪の数十年にわたる嬰児殺しが行われ、出生率は四〇年経っても回復していない（賢明にも二〇一六年に一人っ子制限、今年（二〇二三年）には二人っ子制限が解除されたが）。

ケンブリッジ大学の研究者ジュリアン・ゲヴァーツが二〇一九年の研究『北京の未来派』[3]で指摘しているように、中国の国家科学技術委員会のトップとして働いていた宋は、趙と緊密に連絡を取り合い、中国の科学政策の考え方とローマクラブのシステム思考との連携を維持した。

アルビン・トフラーの思想を中国に持ち込むのに貢献したもう一人の人物は、中国社会科学院（The Chinese Academy of Social Sciences）の**董楽山**《ドンレシャン》（Dong Leshan）という上級研究員で、何カ月もかけて米国を回り、この未来学者と会ったという。董は、一九八一年に行ったアメリカ視察について、「私が会った人、アメリカの知的動向について話した人は皆、（トフラーの）『第三の波』について話していた」と書いている。

董はすぐに「中国未来学会」を組織してトフラーを正式に招き、トフラーは数カ月後に初めて中国を訪れた。事前にトフラーは董に宛てた手紙で、「あなたの国の主要な政治家、長期計画の責任者との面会とインタビュー」を要請した。リストのトップには、趙紫陽の名が書かれていた。

一九八三年三月、中国の三連という出版社がトフラーの『第三の波』の中国語版を翻訳出版した。しかし、その思想があらゆる面でマルクス主義思想に反したものであったため、たちまちスキャンダルになった。**トフラーが説いている社会進化の理解しがたい考え方は、トランスヒューマニズムという仮面をかぶった改良型優生学に過ぎず、思想や意図ではなく、盲目的な無道徳の力が人類文明をより複雑な状態へと押し上げるものだと断定している。**この盲目的な運命論的「力」は、人間の意図とは無縁で、人類を発展の波へと必然的に向かわせるものであり、それぞれの波には社会政治的ダイナミクスが含まれている（例：第一の波＝農業／封建／前国家、第第二の波＝工業／民主政体／国民国家、第三の波＝情報／テクノクラシー支配の封建的ポスト国民国家）。

この時期にトフラーと彼の中国の信奉者たちによる洞察の主なものは、中国（および他の低開発国）は、環境汚染を伴う工業化の第二波をスキップして、第一波から第三波へそのまま飛躍することができるというものだった。

一九八三年、趙紫陽はこう述べている。「トフラーの『第三の波』も似たような見方をしている。彼は、今日の第三世界の諸国は、『第二の波』の発展段階を十分に経験していなくても、『第三の波』の文明を実現するために、まったく新しいルートを取ることができると考えている。」

中国に必要なのは、海外から原材料や半製品を輸入するための沿岸部の「経済特区」と、それらの原材料を完成品に変え、海外の第一世界の消費市場に出荷するための低賃金労働集約型のローテク工場群であった。こうして得た資金を、趙が中国の将来の三大重要課題としていた遺伝子工学、人工知能、情報システムを中心とする第三の波科学プログラムに投資することができる。趙、キッシンジャー、トフラーの三人が推進する「ボトムアップ」の自由市場理論においては、巨大プロジェクトが牽引する大規模な開発や、科学優先による計画推進を可能にする具体的な目標設定について検討することは、なされなかった。

歴史家のマイケル・ビリントンは、三極委員会が一九八一年に北京で開かれた会議は、中国をこのような封建的なモデルの中に閉じ込めておくことを目的としていたことを指摘している。[4]

「一九八一年五月、デイヴィッド・ロックフェラーは北京で開催された三極委員会の国際会議の議長を務めた。その会議で、チェース・マンハッタン銀行の頭取であるウィリアム・C・ブッチャーは新華社通信に、『中国の改革は、大規模産業や大規模開発プロジェクトを行わず、労働集約的な生産を優先させた場合にのみ成功する』。重工業とインフラは『大量のエネルギーと大量の資金という二つの大きなものを必要とするが、そのどちらも中国には豊富ではない』、と彼は言った。」

トフラーのもう一つの異端性は――そのために一九八四年に彼の著書は一時出版禁止になった――政治を経済から切り離すべきだという考え方である。トフラーの世界観では、技術進歩の「力」は進化するものであり、人間の意思が、政治的な意図や道徳的な配慮に従って介入することによってのみ、その力を抑えることができるのである。趙は、経済学を政治から「解放」することを、政治局に何年もかけて主張し、中国にはびこる悪を認識していた政治家たちから反感を買うことになった。

フリードマン、中国へ進出

ミルトン・フリードマンは、一九七九年に中国のエリートを対象にした講演会に招かれた西洋の経済学者の最初のグループの一人であり、中国訪問の際に趙紫陽と何度も会っている。一九八八年の中国ツアーを終えた後、フリードマンは趙と行った二時間の会談について次のように語っている。「私たちはこの人物とその知恵に良い印象を持った。彼は経済問題に対して深い知識を持ち、市場の範囲を拡大することを決意している。彼は実験と学習を厭わず、他の人たちの提案や意見に耳を傾けている。」

フリードマンは、社会主義よりも自由を受け入れるために必要な賃下げ、民営化、「市場原理」改革の実施のためにファシズムを否定することはなく（ピノチェトのチリへの支持に見られる）、中国共産党が絶対的な中央権力として維持されなければならないという点を指摘した上で次のように述べている。「同時に、彼（趙）は、できることなら共産党の最高権威を守らなければならない。そのためには優れた手腕が必要である。」

筆者が今ここでこの点を指摘するのは、欧米人にとって次のことを理解することが極めて重要だと思うからだ。すなわち、フリードマン、ソロス、キッシンジャーのようなソシオパスたちが、折にふれ共産党に支援を与える背景には常に、共産党を趙のような反人間的かつ反国民国家的傀儡テクノクラートの支配下に置きたいという魂胆が必ずある。中国共産党が握るような中央集権的権力が、儒教の「天命」に従って政治を行う真の哲人王によって行使されるとすれば、中国共産党はユートピアを夢見るグローバリストにとっては、悪夢となるのだ。

ジョージ・ソロスと趙紫陽

一九八六年、趙は、二つのシンクタンクを立ち上げた。一つは「中国改革開放基金」であり、もう一つは、趙の側近である陳一諮《チェンユイジ》（Chen Yizi）が共同運営する「経済構造改革研究所（ＩＥＳＲ）」だ。

両方とも一〇〇万ドルのソロス助成金が資金だ。ＩＥＳＲは、一九八八年に中国に事務所を二つ設置した全米民主主義基金（ＮＥＤ＝ＣＩＡ）と密接に連携していた。

趙は、遺稿となった自伝の中で、この時期に「中国は自由な報道、組織化の自由、独立した司法、多党制議会民主政治を採用すべきだ」と願っていたと書いている。さらに、ポスト歴史時代のロシア経済を引き裂くために準備されていたグラスノスチ／ペレストロイカのモデルに従い、「国有企業の民営化、党と国家の分離、そして全面的な市場経済改革」の必要性を呼びかけた。

ソロスは一九八九年のインタビュー[5]で、ゴルバチョフの偉大さを説いたが、批判の一つ

1980年代に中国にエネルギーを注いだ、最も注目すべき技術主義的／封建的改革者たち：左から右へ：ミルトン・フリードマン、アルビン・トフラー、ヘンリー・キッシンジャー、ジョージ・ソロス。

としてその経済的無能を指摘し、次のように述べた。「ロシアとは対照的に、中国では、共産党総書記の趙紫陽は熟練したエコノミストであり、優秀な若い頭脳を集めたシンクタンクを自由に使うことができる。」

　ソロス、フリードマン、トフラーは、一九八八年から八九年にかけて絶頂期にあった。欧米諸国から、ポスト国家新世界秩序の構想に抵抗する親産業的な政治家がほぼ一掃され、何十年にもわたる苦心の成果がようやく結実しつつあったのだ。ドイツ銀行の反マルサス派の会長アルフレッド・ヘルハウゼンやアメリカの経済学者リンドン・ラルーシュのような厄介な人物はまだ問題を起こしていたが、それもすぐにキッシンジャーの懸念材料ではなくなった。[6]

　欧米諸国が超国家的なテクノクラシーに取り込まれただけでなく、ついに、鉄のカーテンの向こう側の共産主義諸国も、同じテクノクラシー・エリートが「新秩序《ニューオーダー》」を築くための炉の中で溶けつつあった。ベルリンの壁は震え、ソビエト連邦は崩壊の危機に瀕していた。

このような「成功」にもかかわらず、アジアの内部では何かが第四次産業革命に反発していた。その「何か」の牙は抜かれねばならなかった。

天安門広場・カラー革命の失敗

そこで、一九八九年六月四日、ＣＩＡのジェームズ・リリー（駐中国大使）、全米民主主義基金、ジョージ・ソロスが総力を挙げて動員した学生たちのデモが天安門広場で暴発し、本格的なカラー革命が発動した。

このデモの間、九日間北京の地にいた現代のカラー革命家ジーン・シャープの積極的な参加と、アジアのラジオ・フリー・アメリカを通じて流されたＣＩＡ主導の豊富なプロパガンダ、訓練、資金提供、さらには火炎瓶や銃で武装した学生グループの暴力的反動分子によって、平和的抗議行動とは全く異なる無茶苦茶な作戦が実行された。ＣＩＡのフロントグループが中国で調達し、配置したスパイには、凶悪な学生アナーキストが多く含まれており、彼らの工作によって数十人の中国人民解放軍（ＰＬＡ）兵士が殺害された。

その黒焦げの死骸は三〇年後の今なお、誰にとっても不快なものだ。クーデターは失敗し、政府は挑発に乗らず、大虐殺など起こらなかった。しかしその時、世界中の世論を撹乱するためにあらゆるエネルギーが投入された。まるで実際に大虐殺が起こったかのような錯覚が人々の中に生じ、「ホロコースト」のような神話を作り出し、それは今日まで続いている。

二〇〇〜三〇〇人の死者（その多くはＰＬＡ兵士）しか出なかったため、この計画は中止され、ソロスの作戦に従順な最も過激な挑発者たちは、「イエローバード作戦」と名付けられたＭＩ６／ＣＩＡの作戦により、米国とカナダの安全な場所に運ばれた。香港の三人組の膨大な援助により、これらの無政府主義者は中国から密かに脱出し、その多くがアメリカのアイビーリーグの大学で莫大な報酬と奨学金を受け取り、ワシントンポストのギャビン・ヒューイットが「亡命民主化運動の中核」と表現するような存在となった。

ソロスの追放と周恩来のビジョンの復元

趙、ソロス、そしてマルサス派（人口削減主義者）の膿《うみ》が浸透していた中国の権力構造

天安門広場に集まった群衆に向けて呼びかける趙紫陽とソロスを後ろ盾にした側近の陳一諮

の真の悪が、誰の目にも明らかになったという意味で、天安門事件は中国にとって、一種の不幸中の幸いとなった。趙の「平和的な学生に対する政府の弾圧に反対する民衆の一人」としての「英雄的」役割は、計画通りには果たされなかったのだ。趙は、自由を求める闘士として讃えられるどころか、抗議行動はほとんど流血を伴わずに終わり、中国の簒奪者としての正体を露呈した。

中国共産党は、ソロスの事業をすべて停止させて、この投機家を永久追放し、趙をあらゆる権威ある地位から排除し、二〇〇五年に亡くなるまで終生軟禁状態に処した。趙の側近である陳一諮は、他の何百人ものペテン師や裏切り者とともに、ソロスの組織で長期的な任務を果たすために、米国に逃亡することで逮捕を免れただけである。

　今日、中国は、国連憲章を前提としたユーラシア・パートナーシップと広範な多極化秩序の礎として、主権国家を守るための原動力となっている。

　中国は、経済主権を守り、強力な中央政府によるトップダウンの計画能力、国民銀行、そして銀行の商業活動と投資活動の分離を維持しているため、トフラー、ソロス、シュワブ、キッシンジャー、ローマクラブの思想家たちが、人類の避けられない運命と信じるもののすべてに反した、成長システムを構築できているのである。第三の波の思想家たちは、中国が、心を持たない人工知能と遺伝子操作された人間によって運営される「ポスト工業」システムとなり、下からは水平的民主政治、上からは指導的科学者が技術封建システムを管理するという考えを推進する国家となることを目論んだ。しかし、**中国はそれに対して完全に反抗した。BRI／新シルクロードは、中国の最高の頭脳を持った若者たちに、長期的な展望のもとに活躍する上で重要な道徳的・知的目標になっている。天命の基盤としての創造的理性の道義的な原則、絶え間ない科学的進歩、道徳的正義によって、一帯一路構想においては、周恩来の四つの近代化構想が完璧な形を得ているのだ。**

　注意しなければいけないのは、第四次産業革命や第三の波の理論を動かしたサイバネティクスの閉鎖系思考と、中国の新シルクロードを動かしている開放系思考との間には、表面的には多くの類似点があるという点だ。
「システム管理」の仕方はどちらも強力な中央集権を伴い、政治経済は「科学的計画」によって導かれる。

しかし、意図や道徳、創造的な理性の尊重といった要素に目を向けると、両者の間に顕著な違いが浮かび上がってくる。

人々を貧困から救い出し、ウィン・ウィンの協力関係を促進し、人権を向上させ、創造的な表現方法を強化しようとする儒教の伝統がソロス後の中国を支配している一方で、エントロピー、数学的平衡、絶対制御を人類に課そうとするマルサス的閉鎖システムには、これらの要素が全く欠けている。

中国のオープンシステムが、科学技術における非線形なブレークスルーを達成し、それによって相対的なキャリイング・キャパシティ《環境容量》という常に変動する「成長の限界」を克服するためのツールとして、コンピュータ・モデリングを用いるのに対し、マルサス派のシステムは、すべての国家計画を、成長の限界を定めたコンピュータモデルに拘束しようとしている。

一方は安定を基本とし、変化をシステムの二次的な特徴と見なし、もう一方は創造的な変化を基本とし、安定した状態を二次的な特徴と見なす。

習近平は、このプロセスを自らの言葉で次のように表現している。

「調整された発展とは、バランスのとれた発展と不均衡な発展の一体化である。バランスからアンバランスへ、そして再バランスへというプロセスは、発展の基本法則である。バランスは相対的なものであり、アンバランスは絶対的なものである。調整的な発展を強調することは、平等主義を追求することではなく、機会の平等とバランスのとれた資源配分をより重要視することである。」

習近平はこれより以前の演説で、トフラーの第三の波思想を暗に否定し、このコンセプトをさらに発展させた。

「イノベーションは成長の原動力であり、この事業全体の中核であり、人材は発展を支える主要な資源であると考えなければなりません。私たちは、理論、システム、科学技術、文化の革新を推進し、イノベーションを党や政府の仕事、社会の日常的な活動の主要なテーマとすべきです。（中略）一六世紀、人類社会は前例のない活発なイノベーションの時期に入りました。それからの過去五世紀の科学技術革新の成果は、過去数千年の総和を上回っています。（中略）科学と産業の革命の一つひとつが、世界の発展の見通しとパターンを大きく変えました。（中略）第二次産業革命以降、米国が世界の覇権を維持してきたのは、常に科学と産業進歩のリーダーであり最大の受益者であったからです。」

さて、読者であるあなたが、自分の直面する問題の原因が中国にあるという考えを抱いている自分に気づくことがあったなら、一歩下がって、自問してみていただきたい。ソロスはあなたの国を現に動かしているのに、中国に入ることを許されないのはなぜなのか、と。

注

［1］*Clash of the Two Americas vol. 1~3*, Canadian Patriot Press,*2021*

［2］'China's population-control holocaust: The bloody history of "Limits to Growth"', by Robert Zubrin, *Washinton Times*, May 2012

［3］*The Futurists of Beijing: Alvin Toffler, Zhao Ziyang, and China's "New Technological Revolution"*, Cambridge University Press, March 12, 2019

［4］'How the Conservative Revolution Tried to Destroy China', byMichael Billington, *Executive Intelligence Review* vol. 22, No. 10

［6］'The Gorbachev Prospect by George Soros', *The New York Review of Books*, June 1, 1989

［6］ヘルハウゼンが一九八九年に暗殺された一方で、ラルーシュはその数カ月前に刑務所に入れられ、彼の国際的組織は閉鎖され、ロバート・ミュラーは三〇年後にロシアゲート（二〇一六年大統領選挙でのトランプの勝利とロシアの違法な介入の関係に関する疑惑。のちに完全無実が証明された）の主任調査官として再現される役割を果たすことになった。

付録　李洪志：法輪功の銀河系メシアとエポックタイムズ

　現代における驚くべきＵＦＯカルトのひとつは、李洪志という引きこもりの億万長者が率いる奇妙なアジアのサイエントロジーの活動である。彼は一九九九年に中国から教団全体とともに追放されて以来、ニューヨーク州の四〇〇エーカーの屋敷に居を構えている。

　李洪志は法輪功の指導者であり、新唐人テレビ、世論形成プラットフォームの中で最も影響力のあるエポックタイムズなど、国際的なメディアプラットフォームの管理者でもある。この教団のリーダー（李洪志）は、全世界に広がる何百もの他の映画制作、テレビ、メディア、教育機関を運営管理している。

　この変わった人物、李洪志は、二つの理由で注目されている。一、李洪志は、現代における反中国ヒステリーの最も有力な推進力となっており、特に陰謀論的な考え方をする傾向がある保守派の人々の間で高い反響を呼んでいる。二、李洪志は、自分は他の惑星から来た何十種類もの敵対的な宇宙人と直接交信している、と考えている。

一九九九年、李洪志はタイム誌の注目すべきインタビューに答え、人類の腐敗の原因、科学の進歩の原因、人類をめぐる銀河間戦争における自分の役割について、自身の考えを明らかにした。

タイム　なぜ今、混沌が支配しているのでしょうか？

李　今日の社会の変化の最大の原因は、人々が正統な宗教を信じなくなったことです。教会には行くが、もはや神を信じてはいない。何をするにも自由だと感じているのです。第二の原因は、今世紀に入ってから、宇宙人が人間の心を侵し始め、その思想や文化を侵し始めたからです。

タイム　彼らはどこからやってくるのでしょうか？

李　宇宙人は他の惑星からやってきます。その惑星の名前はさまざまです。人類がまだ発見していない次元から来たのもあります。重要なのは、彼らがどのように人類を堕落させたかということです。誰もが知っていることですが、太古の昔から今に至るまで、今日のような文化の発展はなかったのです。数千年は経っているが、今のようなことは一度もない。

宇宙人は、コンピューターや飛行機といった近代的な機械を導入しました。彼らはまず人類に近代科学を教え、人々はますます科学を信じ、精神的にコントロールされるようになりました。科学者は自分で発明しているとみんな思っていますが、実は彼らのインスピレーションは宇宙人に操られているのです。文化や精神の面でも、彼らはすでに人間を支配しています。人類は科学なしでは生きていけないのです（後略）。

タイム　あなたは人間なのですか？

李　私を人間だと思ってください。

タイム　あなたは地球人ですか？

李　私は自分のことを高いレベルのものとして語りたくないのです。人々にはなんのことか理解できないでしょうから。

ローレンス・ロックフェラー、スティーブン・グリア、そしてUFO真実コミュニティで活動する他のすべてのスパイと同様に、李洪志は、すべての科学の進歩は、人類に埋め込まれた創造性という神の光を無視したエイリアンの影響の結果であるだけでなく、さらに李洪志は、人類の現代科学と技術への依存を、私たちの腐敗の原因と断定している。このような信念は、最終的に誰の利益になるのだろうか？

李洪志は、明らかに欧米情報機関の手先であり、宇宙人からユニークなメッセージと秘密の超自然的な力を受け取る自称メシアだ。なのに、彼のメディア帝国は、彼らの最大の敵は大英帝国や二〇世紀に大英帝国によって構築されたロックフェラー・マシーンではなく、むしろ「悪の共産中国」だと、欧米の柔軟な頭を持った市民たちに信じ込ませようとしている。

訳者あとがき

私は人間の行為を笑うことも嘆くこともせず、憎むこともせず、
理解しようと努めてきた。

——スピノザ

本書『反中国心理作戦《サイオプ》を脱却せよ！』は、Matthew Ehret & Cynthia Chungが昨年一二月に緊急レポートとして上梓した*Breaking Free of Anti-China Psyops: How the Cold War is Being Revived and What You Can Do About It*の全訳であり、中国を中心とする地政学シリーズのパート1である。パート2としてすでに、同著者による『反中国心理作戦《サイオプ》を脱却せよ！パート2——汝の敵を知れ』（*Breaking Free of Anti-China Psyops: Know your Enemy*）が二〇二三年七月に上梓されている。日本語版もできるだけ早期に読者に届けるべく、鋭意翻訳作業

中である。

本書は、世界の中の中国をめぐる最近のおよそ百年間の地政学的軌跡について、著者たちの洞察に満ちた挑発的な観察を凝縮し、複雑に絡まる諸要素を一貫したプロセス、すなわち「中国の西側帝国主義による干渉と支配を排斥するための戦いの歴史」としてまとめたものである。日本を含む西側一辺倒のメディアの洗脳から逃れている読者にとっては、あるいはそうでなくても、ある程度常識的な知性の持ち主であれば、極めて受け入れやすい観察と視点を提示している。そして、私たちが日常シャワーのように浴びせられている主要メディアや地政学シンクタンクの大軍団が発信する情報が、中国を敵視する西側勢力からの視点に偏ったものであり、捏造、嘘、まだら模様の相矛盾するものだということに気づかせてくれる。これは私たち一般市民に対するサイオプ（心理作戦）であり、主戦場は私たちの頭と心だ。つまり私たちの認知と感情をターゲットにした戦いなのだ。プロパガンダ、洗脳、教化、マインドコントロール、サイオプ（心理作戦）、認知戦。まとめてソフトパワー。英米の帝国主義・ファシズムが発明・開発した近代戦における強力な武器だ。日本を含む西側勢力が、現在まだ勝つことのできる唯一の戦争形態だ。その成り立ちと手口については、『羊たちの沈黙は、なぜ続くのか？——私たちの社会と生活を破壊するエリート民主政治と新自由主義』（R・マウスフェルト、二〇二二年、日曜社）を参照されたい。プロパガンダが機能するのは、それがプロパガンダであることを、対象になる人間たちが知らないときだけだと言われる。実際、中国がさまざまな問題で非難されていることは、全て私たち西側諸国がやっていることの純粋な自己投影だということを、本書は具体的な証拠に基づいて教えてくれる。一人でも多くの人が、本書によって戦争屋とグローバリストたちによるサイオプを脱却できることを心から願う。

著者のM・エーレットとC・チョンの若き夫妻は、古典から現代に至るまで分野を問わず、深く豊かな教養と該博な知識を裏付けとして、綿密な研究調査に基づいて、世界の歴史、特に地政学的動態に関して、これまで私たちが、教育やメディアによる教化・洗脳を通して信じ込まされてきた誤謬や意図的な歪曲による物語を根本から正し、事実に基づいた真実の歴史を世に問う作業を行っている。現在進行中の様々な出来事についての歴史的背景から掘り起こした明晰な分析には、実に瞠目すべきものがある。カナダおよびアメリカの歴史、またその背骨となる大英帝国の黒い歴史に関する精力的な執筆活動（著者紹介の記述参照）とともに、オルタナティブ・メディアでは、自ら運営するチャンネルでのレクチャーに加え、世界各地での公演活動や多くのメディアからのインタビューにも頻繁に出演し、啓蒙的で刺激的な情報と知見を発信している。

ここで、第九章でソロス及びキッシンジャーとの関連で言及されている思想家、経済学者、そして政治家のリンドン・ラルーシュ（一九二二～二〇一九）について、少し述べておこう。著者たちがその研究と著作活動において多大な影響を受けている人物だからだ。二〇〇六年から二〇一七年まで、著者たちはシラー研究所（リンドン・ラルーシュの妻ヘルガ・ツェプ・ラルーシュが一九八四年にドイツのヴィースバーデンを本拠に設立）の一員として共同研究をおこなった。リンドン・ラルーシュは、人間の創造的発見と高い意識の土壌づくりのために古典文化の教養が果たす特別の役割に関して、独創的な認識を示した。また、人口の増加が潜在的に持つポジティブな可能性と社会が利用するエネルギー源との直接的な関係についても、独自の考えを展開した。これは、マルサス『人口論』の思想を土台として「資源と成長の限界」を根拠に、ローマクラブの発足から現在の世界経済フォーラムに至るまで、一貫して人口の抑制・削減とエリート階級による人類支配体制の確立を推進しようとする、文明の流れを物質主義的に捉える考えと真っ向から対立する思想だ。

ジョン・F・ケネディ、マーティン・L・キング牧師、ロバート・F・ケネディのような道徳的指導者が、暗殺によってアメリカ政治の主流から排除され、ベトナム戦争が加速していた激動の時代に、リンドン・ラルーシュは政治的に活発な指導者となった。この時期、ラルーシュ（当時コロンビア大学教師）は、アメリカ政府そのものが外国勢力によって乗っ取られていること、しかもそれはモスクワでも北京でもなく、ロンドンであったことを認識していた数少ない人物の一人であった。教え子たちとの組織的活動は、やがて世界中に事務所を持つＩＣＬＣ（International Caucus of Labor Committees＝労働委員会国際コーカス）に発展していった。ラルーシュの研究方法は学際的なもので、経済、政治、科学、芸術など多様な分野を、一貫した原則に基づく枠組みのもとに再統合しようとするものであった。ＩＣＬＣは短期間のうちに自然科学、地球経済、文化に関する一般人向けの雑誌を創刊し、世界中で出版された。ラルーシュはまた、ガイアナのフレッド・ウィルズ外相、メキシコのポルティーリョ大統領、インドのインディラ・ガンディー首相など、複数の政府指導者に助言を与え、一九八三年にはレーガンが外交政策目標として採用した戦略防衛構想の提唱にともない、レーガンとロシアの間の裏の外交官としても活動した。後にジョージ・Ｈ・Ｗ・ブッシュ政権下でＳＤＩ／スター・ウォーズの設計が曲解されたのとは異なり、一九八三年の提案では、核戦争を戦略的に不可能にするだけでなく、創造的変化と金融寡頭勢力の権力体制を脅かす新たな仕組みによるウィン・ウィンの協力の原則を導入することで、「相互破壊」が避けられなくなる閉鎖的なシステムの中でのルールを打破することになる、次世代核融合レーザーの新システムを、米露が共同で製造・管理することが盛り込まれていた。

ラルーシュは、一九八〇年代のアメリカ各州の選挙でICLCのメンバー数名が勝利するなど、国際的にも国内的にも多くの分野での政策立案で成功を収めたが、若き日のロバート・ミュラー（ロシアゲートで有名）を含むFBI（連邦捜査局）とDOJ（司法省）内の腐敗したグループに狙われ、バージニア州の刑務所に五年間収監された。ラルーシュの代理人であったラムゼイ・クラーク元司法長官は、「政治運動とその指導者を破滅させるために、長期間にわたって意図的かつ組織的な不正行為と権力の濫用が行われたことは、私の知る限りにおいて、他のどの訴追事案よりも広範囲に及んだ」と述懐している。

今日、台頭しつつある多極化同盟の形成過程において政策を立案している指導的な政治家たちは、ラルーシュの著作を研究している。中でも最も注目すべき人物は、プーチン大統領の主要顧問であり、ユーラシア連合のマクロ経済統合担当大臣であるセルゲイ・グラジエフは、二〇一九年に亡くなった友人について次のように述べている。「ラルーシュはグローバルな金融危機を、それが発生するかなり以前に、予測していた。ラルーシュの有名な曲線「トリプル曲線／典型的な崩壊関数」は、実質生産量と金融投機量の間のギャップの拡大を描いたもので、本当に自分の頭で考えている全ての経済学者に対する重大な警告だった。ロシアだけでなく、アメリカでも、誰も自分の国の預言者ではないことが明らかになった。ラルーシュは認められるどころか、アメリカの金融寡頭勢力によって迫害され、冤罪で投獄されたのだ。」

習近平体制による「一帯一路構想」も、ラルーシュのオープンシステムの中での「限界なき成長」の展望に直接通じるものであり、その根本には社会ダーヴィニズム的競争による適者生存という閉鎖的システムではなく、ウィン・ウィンの関係構築を通した共生と発展の思想が生きている。

さて、本書で登場するＮＥＤ（全米民主主義基金）について知る人は、特に日本では多くないと思われる。一九八三年にＣＩＡの下部組織として設立。全世界に自由と民主主義を拡大するための組織と言えば聞こえは良い。しかしその実は、アメリカ帝国（イギリスが操る）を維持するために、アメリカの利益に反する国家の政権（アメリカ式民主政治よりも表面的には独裁的、権威主義的色彩が強い）の転覆を狙った「カラー革命」を仕掛けるための組織だ。新疆ウィグル、チベットに関するプロパガンダ、ウクライナでのカラー革命プロジェクトへの資金援助をはじめとしたテコ入れは二〇一四年から。香港カラー革命を推進するグループに対する資金提供、台湾分離独立運動への資金提供。中国国外（米国など）での反中活動に対する支援などなど、これらは全てＮＥＤの仕業だ。優生学的エリートによる世界政府の樹立と人類の家畜計画を目指すジョージ・ソロスとの密接な関係は、その資金上の繋がりからも明らかだ。

遠藤誉氏は、近著『兵不血刃：習近平が狙う米一極から多極化へ』（ビジネス社、二〇二三年七月）で、カラー革命という名称以外でもＮＥＤがどのように活躍してきたかを、図表にまとめて列挙している。図表は3ページにも及び全四六件に上るものだ。一九八三年のニカラグアにおける親米勢力の支援を皮切りに、最近のチベット、新疆ウィグル独立運動団体への資金提供まで続いている。ＮＥＤの工作活動の対象国は地域別にまとめると以下の通り。ニカラグア、ベネズエラ、ハイチ、アルジェリア、ボリビア、ウガンダ、キューバ、ポーランド、セルビア、ジョージア、ウクライナ、ベラルーシ、ロシア、キルギスタン、スーダン、エジプト、アラブ諸国、リビア、イエメン、香港、台湾、中国、新疆、チベット、タイ。遠藤氏の言葉を借りれば、これを見れば、「いかにアメリカが第二次世界大戦後、ひたすら世界中を引っ掻き回して戦争を起こし続け、あらゆる内部紛争を見逃さずに内政干渉しては標的国・地域の政府を転覆させ、その後にさらなる混乱と終わりなき紛争を撒き散らしてきたかが見えてくるのではないだろうか？」（二五六頁）そして、特に台湾に関して遠藤氏は次のように指摘している。「ＮＥＤが世界中で民主化運動を支援しては、既存の政府を転覆させようとしてきた（中略）。そして今や台湾を独立志向へと持っていくべく全力を投入していることも窺える。それが「台湾有事」へと中国大陸を誘う強力な手段となる。」（二六三頁）

しかしこのような諸々の事実は、「アメリカ脳化」された（遠藤）多くの日本人には、見えていない。メディアが報じないと言うことも大きな要因だが、それ以上に、多くの人々の知ろうとする意欲が奪われてしまっているからだろう。サイオプが浸透すると、麻酔にかけられたように、人は不安と恐怖の中で思考力を失い、我が身の安全が意識の最上位を占めてしまい、真実や正義、自立と自律の大切さは後方に押しやられてしまう。真実を真正面から見据えようとすることは、生きることとの最も大切な精神のあり方である。それができるか否かは、権力や他人が設定したフレームワークを取り払い、束縛のない自由な精神で、物事を判断し認識できるか否かにかかっている。問われているのは「自分の頭で考える能力」だ。

「真実を知ること」の重要性について、著者のＣ・チョンはあるインタビューで、次のように述べている。

「出来事の裏に潜む真実を知ることの重要性はいくら強調してもしすぎることはありません。偽旗《にせはた》(＝でっち上げ)作戦はどうしてこうも頻繁に起こされ、その度に成功してしまうのか。政治・軍事上の作戦を実行するためには、一定程度の数の人々の支持がなければ絶対に不可能です。例えば、第一次大戦の戦勝国(主に英米)は、ヴェルサイユ条約という不平等な条約を押しつけることによって、敗戦国ドイツに経済危機を引き起こしました。そうして、危機の解決策として、ファシズムへの道に糸を引いたのです。(中略)人々が正しい情報を得て、国内外で何が本当に起こっているのかを知ることは決定的に重要です。支配者たちは、国民がどう考えているのか、常に神経を尖らせているのですから。

9・11事件もまた、その後に世界のいたるところで不当な戦争を正当化するために引き起こされたものです。今から見れば、ロシアと中国の弱体化を目的としていたことは、明らかです。

第二次大戦後、朝鮮戦争からウクライナ戦争に至るまで、アジア、アフリカ、中東、バルカン半島、南米での紛争、クーデター、戦争、疫病は、全て仕組まれたものであり、どれ一つとして、私たちが教え込まれ信じさせられてきたような、自然発生的な、あるいは偶然の出来事と言えるものはないのです。

限られた資源のために戦争をするのが人間の自然な暴力的なあり方だと、私たちは騙されてきました。これはまともな人間の考えではありません。第一次大戦以前と第二次大戦後に実際に芽生えたような、アメリカ、ドイツ、ロシア、中国、そして日本の間の健全で自然な同盟関係への気運を見れば明らかです。なんと素晴らしいことでしょう。共通する経済システムによる同盟であり、帝国から解放された指導者たちの視点であり、それは自然に有機的に生じた機運であったのに、人為的な戦争によって実現を阻止されました。

このような歴史的事実は、とても悲しい真実ですが、同時に素晴らしい真実でもあると思うのです。というのも、私たち人間はこれまで言われてきたような、自己破壊と破滅を宿痾とするような、ネガティブな存在などではないからです。実際、私たちは非常にポジティブな存在なのです。ロシアと中国の連携による世界秩序の改変が、今まさにそのようなポジティブな未来を展望させるものです。しかし悲しいことに、過ぎ去ったはずの冷戦思考の霧に覆われた西側に生きる私たちは、そのことに気づいていない。なぜなら、私たちは全体主義体制によって精神的に閉じ込められた状態で、この世界で冷笑的になってしまっているからです。私たちは、イギリスの全体主義システムの観点から物事を考えています。歴史を正しく理解できていないのです。経済学も真の政治家の在り方も、正しく理解していないのです。」

本書で描かれているように、賢明なリーダーである孫文以来現在の習近平に至るまで、中国の指導者と人民は、英米の巧妙なプロパガンダや権謀術数を尽くした仕掛けをその都度鋭く見抜き、忍び込んだスパイたちを摘発し追放した。そして、強力な資金をバックにしたソロスとNEDの攻撃からも自らの国を守り、独立自尊を貫き、今や再び世界の大国として指導的地位を築くに至った。それは、自らを知り、敵を知る者にこそ出来ることであり、それには、中国のリーダーたちの意識の中に、古くから脈々と引き継がれてきた中国の良き伝統、孔孟の教えが息づいており、それぞれの行動の指針になっていることが、大きな要因と思われる。

人類の歴史は今、大きな転換点を迎えている。世界の人口の四分の三が、英米帝国主義が復活させようとしている古い冷戦思考の枠組みを脱却して、その呪縛から解き放たれて、それぞれ自立的に新たな政治と経済の立て直しに歩を進めようとしている。時代はいよいよ大きく動き出し、二百年以上にわたって世界を金融と戦争によって支配してきた英米帝国主義の終焉の時がきたようだ。矛盾と嘘だらけの金融資本主義という歪んだ果実も、熟しきった後は、木から落ちて朽ちるしかない。日本はこの大転換点にあってなお、崩れゆくアメリカ帝国が主導する冷戦思考の枠組みの中にいる。七五年間に及ぶ米国への隷属は、そして明治維新以来の英米帝国主義体制への隷従は、いつ終焉を迎えるのだろうか？　人であれ国であれ、隷従は、新たなものへの創造的エネルギーを奪ってしまう。隷従を強いるものも、強いられるものも同様に、正気を失った状態だ。内発的で自由な想像力と創造力を発揮できるのは、隷属関係から解き放たれた存在にしかできないことだ。人間の創造性こそは、社会にとって無限の価値を生み出す源なのだ。

そろそろ、私たちも、プラトンの洞窟から脱して、壁に映し出される虚像ではなく、世界の実像を直視し、真実を理解すべき時が来た。これまでの歴史を振り返り、自分自身の結論を導き出し、これからの人生の糸を紡ぎ、真に生きるために。人も、国も。

言うことは容易い。行動は難しい。知ることは最も難しい。
知れば、行動は容易い。

——孫文

二〇二三年　盛夏

我孫子市手賀沼の辺りにて　訳者

ライジング・タイド財団（The Rising Tide Foundation）

ライジング・タイド（上げ潮）財団は、東西の異文化理解と対話を促進することを目的とした、カナダのモントリオールを拠点とする非営利団体である。地政学的な分析、芸術、哲学、科学、歴史などの研究を行うとともに、東西の架け橋となる講演会、セミナー、マルチメディア制作などのイニシアチブを支援している。

「上げ潮は全てのボートを持ち上げる」という言葉は、アメリカの第三五代大統領ジョン・F・ケネディが、真の豊かさは貧富を問わずすべての人を高めるという考えを伝えるために、この詩的なイメージを用いて初めて世に広めた言葉だ。一九六三年九月、ＪＦＫはアメリカ全土におけるエネルギープロジェクトについて、次のように語った。

「アメリカ北西部でこれらの資源を開発することは、一つや二つの州、あるいは三つの州の問題に止まらず、アメリカ合衆国全体に関わることだということを、国民に理解してもらいたい。国民は東から西へ、また西から東へと自由に移動し、それによって国が強くなるのです。昔から『上げ潮は全ての船を持ち上げる』と言いますが、アメリカ北西部が発展すれば、国全体が発展するわけですから、それは喜ばしいことなのです。」

近年、この言葉は中国の習近平国家主席によって復活し、エネルギープロジェクト、鉄道、新都市、通信、教育を中心としたウィンウィンの協力と異文化のつながりを実現する総合計画である「一帯一路構想（ＢＲＩ）」にすべての国が参加することのメリットを伝えるために使われるようになった。

ＪＦＫ大統領が、科学、産業、技術の進歩を貧しい国々に輸出し、自助努力を促したように、中国もまたＢＲＩプログラムをアフリカ、中東、ユーラシア、さらには中南米にまで広げ始めている。

そして、ＪＦＫがロシアと中国のような「敵」にオリーブの枝を差し出し、大規模なインフラ建設や宇宙開発で協力したように、中国は西側諸国にもオリーブの枝を差し出し、王毅外相の言う「美しい交響曲を奏でる国々の合唱」に加わることを繰り返し提案している。

ライジング・タイド財団は、科学技術の進歩と向上は、社会のすべての構成員の創造性と道徳的気質の向上と表裏一体であるという信念を掲げている。これは、イギリスの詩人パーシー・ビッシュ・シェリーが、社会の「人間と自然を尊重する強く熱烈な言葉を伝え、受け取る力」と表現したことに反映されている。社会における詩人の役割について、シェリーは次のように述べている。「彼らは、包括的ですべてを見通す精神で、人間の本性の周囲を測り、深淵を鳴らす。そしておそらく、それが実際に顕現したことに対して、彼ら自身が最も心から驚いているのだろう。なぜなら、それが彼らの精神というより、時代の精神だからだ。詩人は、今は誰も理解できない言葉であり、未来が現在に投げかける巨大な影の鏡であり、戦いに向けて歌うトランペットであるが、それが何を鼓舞するものなのかを感じるわけではない。動かされるのではなく、動かす力。詩人は、世界の知られざる立法者なのだ。」

シェリーの「詩人＝立法者」という原理を最も見事に体現したＪＦＫは、一九六三年の「上げ潮演説」で、創造性が現実の経済や科学と結びついているという深い考えを示し、自然保護主義という考えをそれまで誰も考えなかったような高い位置にまで高めた。

「この二日間で、自然保護について二つのことを思い知らされた。一つは、私たちがすでに持っているもの、自然が私たちに与えてくれたものを守り、それをうまく使うこと、水や土地を無駄にしないこと、土地や水、レクリエーション、原生地域など、残りのすべてを今確保して、将来の人たちに利用できるようにすることの必要性である。これが伝統的な自然保護の概念であり、今でもアメリカの国民生活の中で重要な位置を占めている。しかし、自然保護のもう一つは新しい部分であり、それは、私たちが今日行っているように、科学と技術を使って大きなブレークスルーを達成し、そのようにして、一〇年、二〇年、三〇年前にはまったく知られていなかったかもしれない資源を保護・保守することである。」

（ライジング・タイド財団公式サイト https://risingtidefoundation.net より）

《免責事項》

本書の著者たちは、本書で使用した全ての出典について、誠心誠意検証した上で採用しました。それにもかかわらず、ここに挙げた事項あるいは結論が全て正しいものだという保証はありません。したがって発行元ならびに著者たちは、あらゆる法的及びその他の訴えあるいは要請による賠償責任を取ることを拒否いたします。

著者紹介

マシュー・エーレット（Mathew Ehret）
ジャーナリストであり、ライジング・タイド財団の共同設立者であり理事を努める。Canadian Patriot Reviewの編集長、アメリカン・ユニヴァーシティ・イン・モスカウのシニア・フェロー、Rogue NewsでThe Great Gameの共同ホストを務める。著書に、書籍シリーズ*The Untold History of Canada* Canadian Patriot Press, 2019（『誰も語らなかったカナダ史』）と最近出版された書籍シリーズ*The Clash of the Two Americas Vol.1~4*（『二つのアメリカの衝突、I~IV』、2021~2023（日曜社より近刊予定））がある。

シンシア・チョン（Cynthia Chung）
ライジング・タイド財団の共同設立者であり、理事長を務める。シラーの美学、シェイクスピアの悲劇、ローマ史、フィレンツェ・ルネッサンスなどのテーマで講演を行う。書籍シリーズ*The Clash of the Two Americas* vol.1~4（『二つのアメリカの衝突、I～IV』）の寄稿者でもある。著書に*The Empire on Which the Black Sun Never Set: The Birth of International Fascism and Anglo-American Foreign Policy* Canadian Patriot Press, 2022（『黒い太陽が沈まぬ帝国——国際ファシズムの誕生と英米の外交政策』（日曜社より近刊予定））がある。

訳者紹介

鄭 基成（チョン キソン）
上智大学言語学専攻博士課程単位取得退学、ルール大学ボーフム学術博士。茨城大学名誉教授。訳書に『メイク・ザット・チェンジ』（日曜社、共訳）、『スターウォーカー』（日曜社）、『コロナパンデミックは、本当か？』（日曜社）、『計画されたコロナパンデミック』（成甲書房、共訳）、『羊たちの沈黙は、なぜ続くのか？』（日曜社、共訳）がある。

反中国心理作戦《サイオプ》を脱却せよ！
──冷戦復活への策謀にどう立ち向かうべきか？

2023年8月31日　初版第1刷発行

著　者　マシュー・エーレット＆シンシア・チョン
訳　者　鄭基成
発行者　鄭基成
発行所　日曜社
170-0003 東京都豊島区駒込1-42-1 第3米山ビル4F
電話 090-6003-7891
カバーデザイン　岡本デザイン室
校正　田中健
組版　トム・プライズ
印刷・製本所　モリモト印刷株式会社
ISBN 978-4-9909696-4-6

日曜社の新刊

スターウォーカー　ラファエル少年失踪事件

ミュンヘン警察失踪者捜索課警部タボール・ズューデン　シリーズ第一弾

著:フリードリッヒ・アーニ　訳:鄭基成

■内容紹介

ラファエル・フォールゲン少年（九歳）は、最愛の祖父ゲオルク・フォーゲルの死に衝撃を受け、埋葬の日に姿を消す。両親からの虐待を恐れての家出か、あるいは誘拐事件か。ミュンヘン警察失踪者捜索課が出動するも、日を重ねるばかりで成果はなし。少年の生命さえ危ぶまれ、メディアのセンセーショナルな報道に煽られた市民に動揺と不安の広がる中、警察への不信と不満が募る。

ファンケル署長以下、失踪者捜索課の刑事たちの努力も虚しく、捜索は袋小路に。残る手は、あの問題児、奇人、一匹狼、少女誘拐事件の失敗に苦しみ九か月間もの休暇をとって、森で修業中の、はぐれ刑事タボール・ズューデンを復帰させることしかなくなった。

ラファエルから両親宛に手紙が届く。「元気でやっているから心配しないで、親切なグストルが一緒だから大丈夫。これから遠くへいく……」

耳と目で相手の心を読む「見者」ズューデンの推理は？

四六判並製　394頁　ISBN978-4-9909696-1-5 C0097
価格:2,640円（10%税込）　電子書籍価格:2,499円（10%税込）

メイク・ザット・チェンジ　世界を変えよう

マイケル・ジャクソン　精神の革命家、そのメッセージと運命

著:ソフィア・パーデ、アルミン・リジ　訳:長谷川圭、セイヤーン・ゾンターク

■内容紹介

本書の題名『メイク・ザット・チェンジ』は、彼の歌「Man in the Mirror」の中の有名なメッセージ、「僕たちは変わろう、世界を変えよう！」という彼の生涯の目標を宣言した言葉だ。メガスターとしての世界的な影響力を武器に、彼は世界の変革を行おうとした。ーただし世界を支配する巨大な勢力を駆逐することによってではなく、愛、癒し、そして子供を守ることによって。

　まさにそれゆえに、マイケルはマスメディアによる根も葉もない誹謗中傷と人物破壊にさらされ、精神の革命家のメッセージはねじ曲げられ、ついには「無害化」される運命を辿った。

　本書の著者たちは、長期にわたる綿密な調査を通じてたどり着いた真実を伝えることによって、誰がマイケル・ジャクソンの名誉と影響力を「永遠に」破壊することを望んでいたのかを、明らかにする。

A5判上製　929頁　ISBN978-4-9909696-0-8 C0073
価格:6,380円（10%税込）　電子書籍価格:6,380円（10%税込）

ヨーゼフ・ロート **ウクライナ・ロシア紀行**

著:ヨーゼフ・ロート　訳:長谷川圭

■内容紹介
ヨーゼフ・ロートが1926年9月14日から1927年1月18日にかけてドイツの主要新聞『フランクフルター・ツァイトゥング』で発表したロシア紀行は17回の連載で構成され、彼のジャーナリスト作品の中心を占める。そのうちの10回分を本書に収録した。「ロシアの神」と「レニングラード」も1926年のロシア旅行における経験に基づいた作品だが、連載記事とは別に公表されたものである。(編者)

四六判上製　126頁　ISBN978-4-9909696-3-9 C0098
価格:1,760円(10%税込)　電子書籍価格:1,760円(10%税込)

羊たちの沈黙は、なぜ続くのか?

私たちの社会と生活を破壊するエリート民主政治と新自由主義

著:ライナー・マウスフェルト　訳:長谷川圭、鄭基成
解説:水野和夫　特別寄稿:アーサー・ビナード

■内容紹介
教育とメディアによる教化と洗脳が本当の権力を不可視に、社会を権威主義と全体主義に、民衆を「従順な羊」に変えた。
現代の権力と暴力に抵抗し、真の民主政治を確立するための有望な戦略を立てるには、「新自由主義の権力構造」と「人身操作術」を十分に理解していなければならない。

A5判　408頁　ISBN978-4-9909696-4-6 C0036
価格:3,300円(10%税込)　電子書籍価格:3,300円(10%税込)

日曜社(Sonntag Publishing)

〒170-0003　東京都豊島区1-42-1　第3米山ビル4F
TEL:090-6003-7891　mail:nichiyosha1203@gmail.com
HP:https://nichiyosha.tokyo　FAX:0120-999-968